⊙「계상정거도」,『퇴우이선생진적첩』, 정선, 종이에 먹, 25.3×39.8cm. 퇴계가 퇴계退溪에서 『주자서절요』를 짓는 장면. 당대 최고의 학자 이황에게 젊은 학자 기대승은 도전장을 내밀었고, 이것은 그 후대에 계속해서 성리설 논쟁으로 이어진다.

用藥石應物而施爐錘或抑或揚或導或投或激而進
之或年而警之心術隱微之間無不容其纖惡義理
寂素之際獨芝照於毫芒規模廣大心法嚴密戰兢
臨履無時或息懲窒遷改如恐不及剛健篤實輝光
日新其咎其不以勉之循之而不已者無間於人已故其告
人也若孑然人感發而興起焉不獨於當時及門之士為然
雖百世之下讀之無異於面命也嗚呼
至矣顧其嘗慨然嘆未嘗究釣魚而裁書子之間或不
免名內之失其之愚需求其尤詢於季問兩場
於受用之表而出之不拘篇章准務乃屬諸友之
善也今及子蜓筆分寫託凡內十四卷為七冊善視其
本也而減之始三之二僭妄之罪無不逃焉雖然壽凡
宋亨士集不記善齋王先生以其不善朱子自求訂

⊙「주자서절요서朱子書節要序」, 이황, 종이에 묵서, 40.1×25.6cm, 개인.
이황이 『주자서절요』에서 중요한 것을 가려 뽑은 것으로, 말미에 기대승의 발문이 실려 있다.

天命圖解序

中庸之書以天命二字爲一篇之始余嘗取以究之蓋天

之所以命物者即其一理也一理在天合之爲一本散之

爲萬殊在一而不爲有餘在萬而不爲不足故吾人之受

命于天也亦能全得其理而無多無寡焉然則天人之際

形雖有大小之殊其理則天未始不爲人人未始不爲天

而少無一毫可容之間矣是以子思子當道學幾廢之時

作書示人而首言天命以明此理之在天在人者未嘗不

一此余之所以承其遺意而作圖者也然既有此理則又

有此氣而後理有所寓故有理則斯有氣有氣則斯有理

是以天之於物也其所以命之者雖此一理而其所以形

之者實由乎二氣故吾人之生也其所受之性則果無間

於天也其所稟之氣質則有淸濁粹駁之不齊故始與天

或不能無間焉由是余因子思子天命之言劍爲命圖而

必以心圖置乎其下以其理氣然後分畫善惡乎然必

見其善爲天理所發而屬乎陽惡爲人欲所發而屬乎陰

◉ 정지운의 『천명도해』 서문.

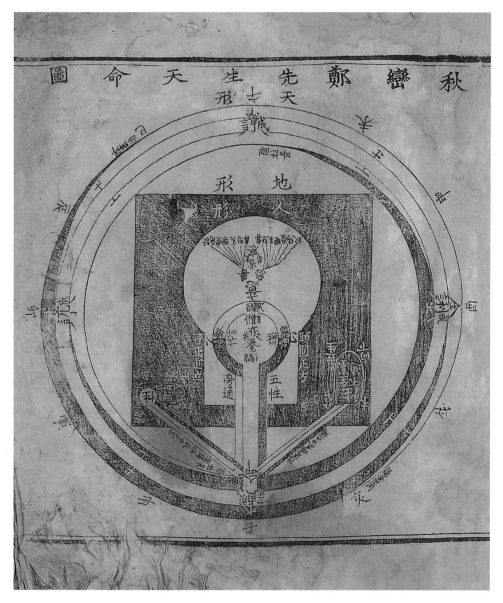

⊙ 정지운의 『천명도해』. 하늘은 태극음양으로 조화를 이루며, 시간의 개념인 십이간지十二支와 자연의 순환인 원형이정元亨利貞을 써놓았다. 이황은 『천명도설』에서 사단四端을 이치理가 발현한 것으로, 칠정七情은 기氣가 발현한 것으로 정리했고, 이에 대해 기대승은 문제가 있다며 비판을 제기했다.

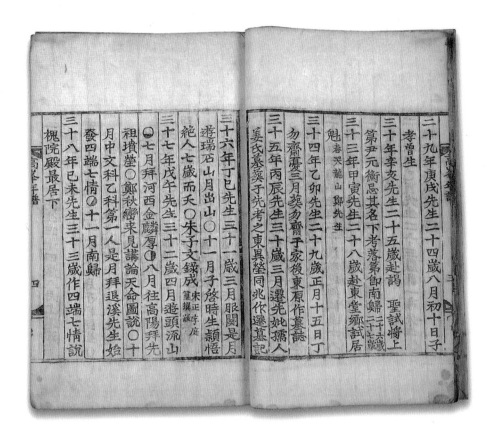

二十九年庚戌先生二十四歲八月初十日子

孝曾生

三十年辛亥先生二十五歲赴謁 聖試解上

第尹元衡忌其名下考落第卽南歸 二十六歲

三十三年甲寅先生二十八歲赴東堂鄉試居

魁 春㗊龍山鄉先生

三十四年乙卯先生二十九歲正月十五日丁

勿齋覆喪三月葬勿齋子家後東原作墓誌

三十五年丙辰先生三十歲三月遷先妣

姜氏墓葵子先考之東異塋同兆作遷墓記

三十六年丁巳先生三十一歲三月服闋是月

遊瑞石山月出山○十一月子啓時生穎悟

絶人七歲而夭○朱子文錄成 宋正字序庭

三十七年戊午先生三十二歲四月遊頭流山

○七月拜河西金麟厚○八月往高陽拜先

祖墳塋○鄭秋巒來見講論天命圖說○十

月中文科乙科第一人是月拜退溪先生始

發四端七情○十一月南歸

三十八年己未先生三十三歲作四端七情說

槐院殿最居下

⊙『고봉문집』, 기대승, 32.8×22cm, 국립진주박물관. 기대승은 정지운의『천명도설』을 계기로 하여 조선 최대의 학자인 이황과 본격적인 학술 논쟁을 벌이게 된다.

⊙ 이황의 「퇴계이선생천명도」. 기대승은 "태극은 음양과 하나이다"라는 이황의 이론에 "태극은 하나가 아니다"라는 반론을 제기한다.

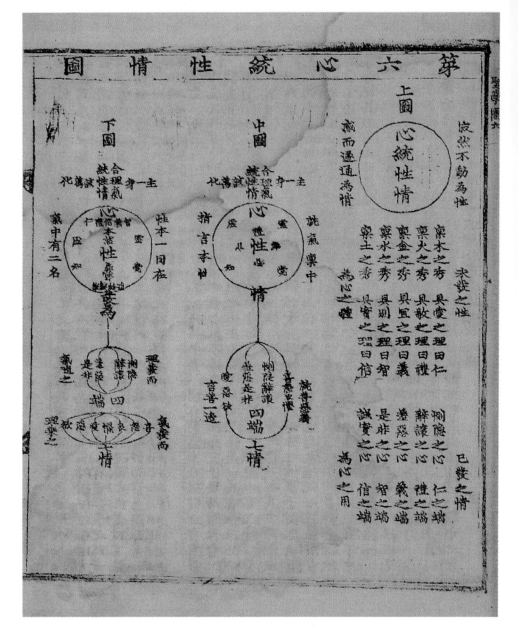

⊙ 이황의 『성학십도』 중 제6도 「심통성정도心統性情圖」. 이황은 기대승과의 논변의 결과를 「심통성정도」로 정리하게 된다.

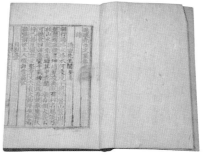

⊙ 『퇴계집』, 30×21.3cm, 국립전주박물관. 기대승과의 사단칠정에 관한 논의는 퇴계가 66세 때까지 이어졌다. 그는 주자 성리학을 심화하여 조선후기 영남학파의 이론적 토대를 닦았다.

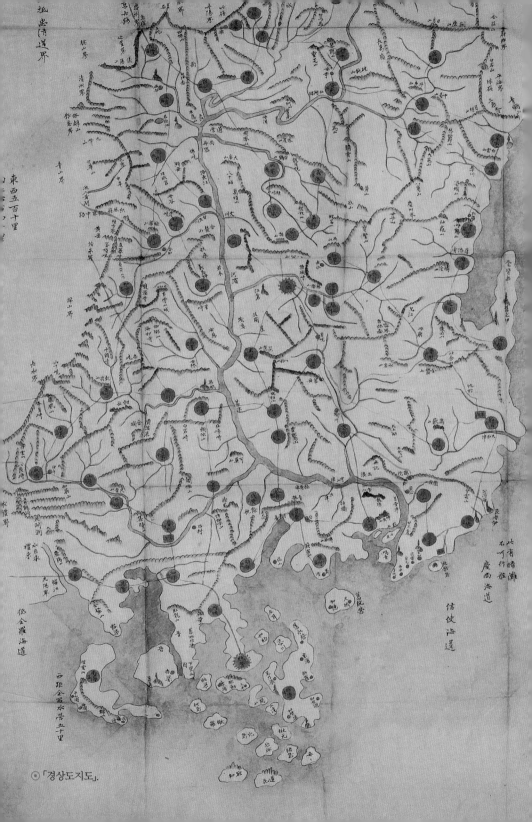

「경상도지도」.

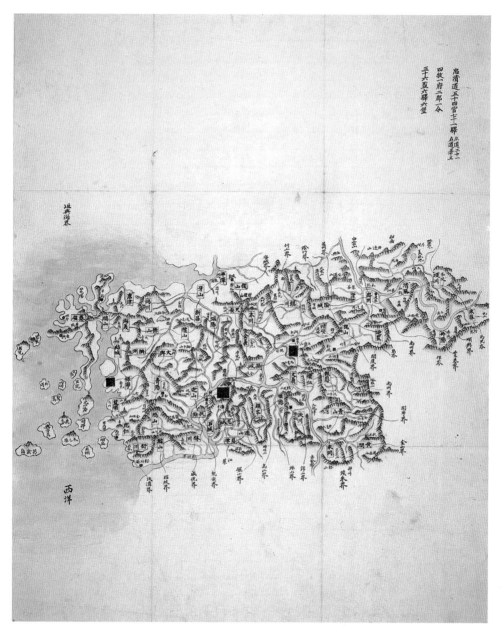

忠淸道五十四官十一驛
四牧一府二郡一令
三大都六縣六堡

左道二十一
右道三十五

湜興海界

西洋

⊙「호서지도」. 퇴계 이황과 기대승의 대립은 훗날 영남 지방과 기호 지방의 학맥으로 이어져 조선 성리학 논쟁의 큰 흐름을 이뤘다.

像教行　　　　　　先師孔子

德侔天地道冠古今
刪述六經垂憲萬世

吳道子筆

◉「공자행교상」, 89×53cm, 호림박물관. 공자는 인仁 개념을 규정하며, 유교 윤리가 어떠한
의미에서든지 정감을 안고 갈 수밖에 없는 것으로 자리 잡게 만들었다.

孟子名軻字子車

孟子

⊙『역대도상歷代圖像』에 실린「맹자孟子」, 종이에 채색, 19.5×29.7cm, 개인 소장.

文公晦菴朱熹字元晦菴其號松字 臣常陽山下從學于肄山籍溪 以其致之學將以變備事必 藏以一身體天地之運備實其之 理住網常一者其業其心隱於晚 谷老人堂曰晦菴自肄溪陽晚 居考亭精舍又師洛洲病晚 次渡翁際其華乎氣斯異惟 先師格言本前烈之遺虑惟 禮法之工場沉潜于仁義之府其亭 微國谷議文正自資日從來師 着述而日偕藏廣氣乎斯結並至 以見馬理之波就保加馬至之 端甫正角客癒花外一其中力 枝枯送其終採有要採無窮 咏夜夜正睡西薄情陽剛之純氣合 喜怒哀正睡西薄情吾不知其何 柔瑞居際倫吾不知其何病塑 釣絶格不住窩之審其提不定 天下之生衆以衷此藏上帝之正令 贊日周氏東遷孔子以出宋 室南渡文公是作太錯重修 千聖同歸鳩誠事君以代為 非中道倘倫孽自信愈篤爲煥 乎文章乎煥然道德

朱晦菴熹

◉「주희초상」, 주희는 선한 정감도 원론적으로 정감의 영역에 속한다는 사실을 분명히 한다. 즉 칠정이나 사단 모두 마음의 활동이라는 주자학의 기본 설정에 따라 정감에 속한다는 사실을 알 수 있다.

사단칠정
자세히 읽기

사단칠정

선한 정감은 어디에서 오는가

자세히 읽기

이상호 지음

글항아리

이 땅에서 한국철학을 하는 사람들이 겪는 어려움은 예컨대 독일에서
독일철학을 하는 사람들이 겪는 어려움과는 또 다르다. 철학을 '필로소피
philosophy'의 완전 번역어라고 생각하는 몇몇 학자에 의해 '철학'이 강제로
정의되면서, 수백 년 동안 한국 땅에서 철학적 사유와 수양을 했던 많은 사
람들의 학문마저도 '필로소피' 안에서 소화될 수 있는 것만 철학의 대상으
로 삼아야 하는 어려움 속에 처해 있기 때문이다. 서양철학의 틀을 가지고
한국철학을 바라봐야 하는 '격의格義한국철학'의 시대에 살고 있는 것이다.

이 과정에서 우리는 논리적이고 합리적인 이론보다 자신의 삶을 수양
하고 그것을 실천으로 옮기는 것을 가지고 학문적 완성도를 평가했던 한
국철학의 가장 중요한 자산을 잃어버렸다. 20세기 이후 강단철학으로의
이행은 개인의 수양을 통한 '됨'의 문제를 버렸고, 이 과정에서 한국철학은
자신 속에 있는 '서양철학과 유사한 것들'을 찾아 헤매는 새로운 여정에 돌
입할 수밖에 없었다. 물론 이성에 근거한 논리성과 합리성은 학문을 형성
하는 기초이다. 하지만 '학문의 대상'이 반드시 이성으로 설명할 수 있는

것에만 머물러야 하는지는 한국에서 한국철학을 하는 필자에게 여전히 의문으로 남는다.

사실 이황과 기대승 사이에 진행되었던 선한 정감四端과 일반 정감七情의 관계와 그 근거에 대한 논쟁은 서양철학과 유사한 것들을 찾는 한국철학자들에게도 희열을 맛보게 했다. 필로소피의 본령 가운데 하나인 '논쟁'이 진행되었고, 그 사이에서 현란한 논리적 언술들이 그대로 노정되어 있기 때문이다. 하지만 이 과정에서 사단칠정四端七情 논쟁을 통해 두 사람의 유학자가 궁극적으로 지향했던 지향점보다 둘 사이에 다루어진 논리적 사유에만 관심이 집중되었고, 이것은 사단칠정 논쟁을 이해하기 어려운 성리 논쟁으로 받아들이게 했다. 우리의 이러한 이해는 어쩌면 이황과 기대승이 논쟁을 진행했던 이유와 상관없이 필로소피 방식대로 그 내용을 재단하면서 나온 결과가 아닐까 싶다.

사단칠정 논쟁의 목적은 개인적이고 즉흥적인 개인의 정감을 수양을 통해 이타利他적인 정감으로 만들어가는 데 있다. 올바른 수양의 방법을 확보하기 위한 이론의 설정 과정이었던 것이다. 글로 표현된 것은 이론 설정을 위한 논쟁이지만, 이를 통해 그들이 지향했던 것은 논쟁의 결과를 통해 제시되는 '올바른 수양의 방법'이라는 말이다. 이 부분은 결코 글로 표현될 수 없는 영역이며, 따라서 필로소피의 대상이 될 수도 없다. 개인의 수양이 필로소피의 대상이 아닌 한, 필로소피를 통해 사단칠정 논쟁을 이해하기는 어려울 수밖에 없다.

사단칠정 논쟁의 형식은 '이성적'이지만, 그 주제는 '정감'이다. 정감은 사람 행동의 직접적인 이유이며, 따라서 수양의 대상이기도 하다. 개인의 행동 대부분은 그 사람이 가진 정감으로 인해 발생하는데, 그것이 때로는 선한 행동이기도 하고 때로는 악한 행동이기도 하다. 선한 행동을 낳는 선한 정감에 대한 구체적인 이론 작업을 통해 그것을 개인에게로 내면화시킴으로써, 선한 행동을 지속시키려고 했던 이유는 여기에 있다. 내 마음속에서 들끓어 오르는 욕망이나 정감이 항상 타인을 위한 욕망이나 공적인 정감이 되게 하려 했던 것이다.

이들의 이러한 고민은 '됨'의 문제를 철저하게 개인적인 선택지로 밀어내고 있는 이성 중심의 윤리학 위에 서 있는 우리에게도 중요한 시사점을 준다. 필자가 보기에 유학자들이 발견한 사람의 사람다움은 '정감의 전염성'에 있다. 아들을 잃은 아버지의 눈물은 순식간에 그 눈물을 보는 모든 사람의 눈에서 눈물을 쏟게 하고, 손자의 애교로 인해 행복해하는 할아버지의 미소는 보는 이들로 하여금 같은 행복감으로 미소 짓게 한다. 한국적 드라마의 성공 요인 뒤에는 특히 타인의 정감에 민감하게 전염되는 한국인들이 자리하고 있다. 유학은 이러한 정감의 전염성을 객관화시킴으로써, 타인이 겪는 고통을 자신의 고통처럼 해결하고, 타인이 겪는 기쁨을 기뻐하면서 이를 위해 행동하는 사람을 만들려 했던 것이다.

사단칠정 논쟁은 바로 이러한 이론화의 정점에 서 있다. 이 논쟁은 다른 사람을 위한 공적公的 정감이 더욱 예민하게 발현될 수 있도록 하기 위한 구체적인 방법을 모색하는 과정이다. 물론 이 과정에서 성리학적 세계관과 복잡한 주자학 이론들이 얽히면서 논쟁의 전모를 파악하기 어렵게 만들었던 것은 사실이다. 그러나 타인의 고통에 아파하는 마음이 어디로부터 기인하는지, 그리고 그것을 항상 내 마음속에서 유지하기 위한 구체적인 방법이 무엇인지 등이 논쟁의 핵심을 이루고 있다.

이 책에서 '선한 정감'의 근거와 관련된 문제로 사단칠정에 접근하려는 이유는 여기에 있다. 동시에 이를 바탕으로 이성에 바탕한 현대 이론 윤리학과는 그 지향점이 다른 새로운 윤리학, 즉 정감을 바탕으로 즉각적인 도덕 행동을 모색하는 '정감 윤리학'의 가능성을 찾는 이유 역시 여기에 있다. 다른 사람으로 인해 '도저히 마음 아파 어떻게 할 수 없는 상태'는 모든 사람이 가지고 있지만, 모든 사람이 그 마음에 따라 살지는 않는다. 그런데 많은 사람이 그 마음에 영향을 받을 수 있도록 자신의 마음을 키워가고 타인의 불행이나 기쁨과 같은 정감에 예민하도록 만들 수 있다면, 우리 사회는 참으로 따뜻하고 정감 넘치는 사회로 한 단계 더 승화시킬 수 있을 것이다.

이와 같은 이유에서 이 책은 선한 정감을 발견해가는 과정과 그것이 성리학 이론 구조 속에서 논의되는 과정을 다루었다. 선한 정감에 대한 이론적 차이가 구체적 수양의 차이를 낳으면서, 이 과정에서 사단칠정 논쟁이 터졌다는 관점을 가지고 논쟁의 의미를 정리했다. 그리고 이러한 이론적 차별성이 학파적 양상으로 어떻게 전개되는지를 살펴봄으로써, 조선 사회에서 사단칠정 논쟁의 역할도 살펴보고 있다. 이것은 궁극적으로 선한 정감을 자신의 마음속에서 확보하려 했던 유학의 오래된 고민을 책으로 엮은 것이며, 우리 시대에 맞는 선한 정감에 대한 논의가 지속적으로 이어지기를 바라는 마음도 함께 담고 있다. 이렇게 되면 필로소피로 인해 잃어버렸던 정감 중심의 윤리학, 그리고 필로소피의 영역에 포함되지 않아 더 이

상 거론이 어려웠던 수양과 행동에 대한 이론적 규정화의 가능성이 살아
날 수 있지 않을까 기대해본다.

거창한 기대와 달리 필자의 능력으로 인해 많은 부분에서 부족함을 느
낀다. 정해진 분량으로 인해 많은 인물을 다 다룰 수도 없었을 뿐만 아니
라, 깊이에 있어서도 필자의 내공에 따른 한계가 있을 것이다. 이 시리즈의
의도에 걸맞게 충실하게 원고를 쓰려고 노력했지만, 필자의 능력 한계로
아쉬움이 남는 부분도 있다. 하지만 그러한 아쉬움들은 이후 이와 연관되
는 작업을 계속하면서 작은 퍼즐을 통해 큰 그림을 완성하듯이 메워가려
한다.

사실 이 작업은 필자에게 대단히 의미 있는 일이었다. 석사과정 입학과
함께 매주 수요일 밤마다 지도교수의 연구실에서 아무것도 모른 채 사단
칠정 논쟁 원문 번역 세미나의 한 귀퉁이를 차지하고 있었던 것이 지금 이
작업의 결과로까지 이어졌기 때문이다. 최상의 번역을 위해 고민하고 사단
칠정 논쟁의 본령을 이해하려는 지도교수와 선배들의 모습은 갓 공부를
시작한 필자에게는 그 누구보다 훌륭한 멘토였다. 지도교수인 홍원식 선
생님과 여러 선배 및 동학들에게 감사할 수밖에 없는 이유이다. 그분들의
노력도 이 책 속에 함께 녹아 있는데, 스승과 선배들이 만든 고생스러운
결과를 한참 먼발치에 있는 후배가 제대로 소화하지 못한 것은 아닌가 싶
어 송구스럽다. '우리 땅에서 우리 철학을 하기'라는 공동의 명제를 안고
차분하게 한 발 한 발 디디면서, 송구스러운 마음을 갚아가려 한다.

항상 그렇지만 책을 쓰는 작업은 참으로 지루한 혼자만의 독백으로 일
관된다. 이 과정에서 가장 중요한 가족에게 좋은 남편, 좋은 아빠가 되지

못하는 일이 비일비재하며, 맡은 업무들을 뒤로 돌려놓아 함께 일하는 동료들을 힘들게도 했다. 이 작은 결실이 아내 미라와 아들 주형, 딸 수연에게 이후에라도 작은 위로가 되길 바라며, 함께 근무하는 여러 선생님에게는 이 책을 통해 감사의 말을 전한다. 더불어 이러한 기획을 통해 집필의 기회를 준 한국국학진흥원과 출판을 맡아서 늦게까지 원고를 기다려 준 글항아리에도 감사한 마음을 전한다.

2011년이 저물어갈 즈음
안동호 상류에서 이상호

3장 원문 및 함께 읽어볼 자료

일러두기
1. 원전의 번역은 원문의 취지를 손상하지 않는 범위 안에서 자유롭게 풀이했다.
2. 이 책은 '사단四端'이나 '칠정七情'과 같은 것을 각각 '선한 정감'과 '일반 정감' 등으로 풀어서 옮겼다.
3. 理와 같은 개념어의 경우 '리'로 표기하며 두음법칙을 따르지 않았다.

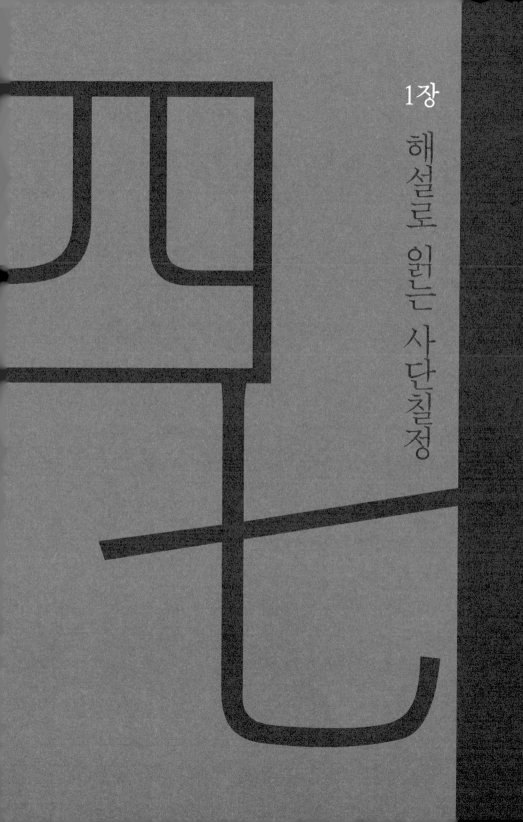

1장

해설로 읽는 사단칠정

'선한 정감四端'은 선하기만 한 정감으로 '이 네 가지 정감이 없으면 사람도 아니다'라고 말합니다. 그러므로 이러한 정감은 '선하다는 측면'을 인정해야 합니다. 하지만 '일반 정감七情'은 아직 선과 악이 결정되지 않은 정감입니다. 그러므로 하나라도 똑바로 살피지 않게 되면 마음이 올바르지 않을 수도 있습니다. ─이황

1. 왜 '선한 정감'을 묻는가

2003년에 개봉되었던 영화 「이퀄리브리엄Equilibrium」은 사람의 정감을 철저하게 통제하는 가상의 세계를 그렸다. 이 영화는 3차 세계대전 이후의 세계를 설정했는데, 영화의 배경이 되었던 가상의 나라 '리브리아'의 통치자들은 3차 세계대전과 같은 전쟁의 원인이 사람이라면 타고나는 슬픔이나 우울함, 분노 등과 같은 '정감'에 있다고 생각했다. 이 때문에 이들은 전쟁과 폭력이 없는 이상사회를 건설하기 위해 사람들로부터 정감을 빼앗아버렸으며, '정감을 유발하는 행위'를 중범죄로 다스리고, 다양한 예술작품을 '정감 유발 물질'로 취급하여 없애버렸다. 이러한 과정에서 리브리아의 통치자들은 그들 스스로 사랑이나 즐거움, 쾌락 등과 같은 '좋은 정감'도 포기할 수밖에 없었다.

사실 인류의 역사에서 사람의 정감은 곧잘 부정적인 시선에서 비껴나지 못했다. 정감과 관련된 우울증은 사람의 목숨을 빼앗기도 하고 분노와 증오는 종종 폭력을 수반한다. 순간적인 성적 욕망으로 인해 한 여성의 가장 중요한 가치를 앗아가기도 하고, 잠시 누릴 즐거움을 위해 다른 사람을 평생 고통에 빠뜨리기도 한다. 이러한 모습만 보면 안정과 균형을 뜻하는 '이퀼리브리엄'은 정말 정감에 대한 제거로부터 가능할지도 모른다. 서양의 근대 윤리학이 이론 영역에서만큼은 이성을 중심으로 한 '리브리아'를 꿈꾸었던 것도 이러한 이유에서이다. 현대 우리 사회가 지향하고 있는 합리성은 이퀼리브리엄의 또 다른 이름이다.

그러나 전쟁과 폭력을 없애기 위해 정감을 포기했던 사회는 사랑이나 즐거움, 행복과 같은 따뜻한 정감도 잃어버렸다. 실적에 따라 냉혹한 정리해고가 일상이 되고, 사람과 사람의 관계를 이익 중심으로 판단하는 이른바 합리성의 사회에서 정감이 가져다주는 행복감은 점점 더 드물어진다. 친구와의 사이는 '우정'이라는 정감에 따른 관계가 아니게 되면서, 지금 세대는 친구마저 경쟁관계로 설정하는 데 익숙해져 있다. 이성과 합리성을 지상 최대의 명제로 삼는 현대 사회 역시 또 하나의 리브리아인 것이다.

어떤 인류도 전쟁이나 폭력 또는 정감으로부터 유발되는 범죄에 대해 찬성하지 않는다. 그렇지만 정감 있는 사회가 지닌 따뜻함과 그로 인해 누리게 되는 행복감이 '정감'이라는 이유에서 전쟁이나 폭력의 또 다른 일면이라고 규정할 수 있을까? 물론 정감 그 자체가 폭력적인 사태나 무질서한 사회를 야기할 수도 있다. 하지만 다른 한편으로 그것은 이성과 합리성만으로 충족시킬 수 없는 삶의 행복감을 가져다준다.

이처럼 정감이 지닌 양면성은 정감을 중심으로 행동의 기준이나 이론을 만들기 어렵게 하는 빌미를 제공한다. 하지만 정감의 긍정적인 면을 위해서라도 이성과 정감을 대립적 관계로 바라보는 기존 시각에서 벗어나,

정감의 양면성을 해부해서 그 가운데 긍정적 측면의 정감을 추출해낼 수 있다면, 사람다움이 깃든 사회에 대한 희망적인 이론 정립이 가능하지 않을까? 분노와 증오, 슬픔 등을 제거하기 위해 정감 전체를 내던지는 것이 아니라, 옳지 않은 정감을 줄이고 따뜻한 정감을 유지하는 방법을 찾을 수 있다면, 「이퀼리브리엄」처럼 빈대 잡으려고 초가삼간을 태우는 우는 범하지 않으리라.

이러한 고민이 필자만의 생각인 것은 아니다. 이미 오랜 역사를 걸쳐 지속된 유학의 농익은 생각이다. 마음이 행동을 지배하고, 그러한 마음을 정감의 활동 장소라고 생각했던 유학자들은 어떻게 하면 선한 정감을 유지시키면서 악한 정감을 제거할지에 대해 고민했다. 올바른 정감을 통해 선함이 지배하며 질서 잡힌 사회를 꿈꾸었던 유학자들은 정감이 지닌 이중적 성격에 대해 고민하면서, 그 속에서 선한 정감을 지속적으로 유지시킬 방법을 찾아왔던 것이다.

이렇게 해서 도출된 이론은 온갖 다양한 모습으로 드러났고, 이로써 이론적 차이로 인한 논쟁도 피할 수 없었다. 그러나 유학의 오랜 역사를 통해 이 고민 자체는 일관성 있게 유지되었고, 그것은 오랫동안 유학이 동양의 문화를 주도할 수 있었던 이유가 되었다. 고등학교 윤리 교과서에서나 보았던 '사단四端과 칠정七情'이라는 말은 바로 이러한 물음들이 얼마나 진지하고 심도 있게 논의되었는지를 보여주는 대목이다. 어쩌면 그들의 논의가 '정감'을 중심으로 한 윤리적인 사회를 꿈꾸는 우리에게 조금의 단서라도 줄지 모르는 이유이다.

프롤로그 – 아름다운 청년 이수현

2001년 2월 26일 일본 지하철 신오쿠보역에서 안타까운 사건이 발생했다. 취객이 선로에 떨어지는 것을 보고 한 청년이 그를 구하려다 사망했는데, 그가 바로 이수현(1974~2001)이다. 당시 대부분의 사람은 선로에 떨어진 취객을 보면서 발만 동동 굴렀던 반면, 이 청년은 타인의 위급함을 목격하고 자신의 안위에 대해서는 생각할 새도 없이 그를 구하려고 선로에 뛰어들었다. 그의 이러한 행동은 한 일본인 사진작가로 하여금 같은 행동을 하도록 유도했고, 결국 그들은 모두 전철에 치여 그 자리에서 숨졌다. 이 사건은 일본인들의 마음을 움직였고, 많은 일본인들은 한국 정부가 수십 년 지속했던 외교적 노력보다 이 하나의 사건으로 인해 한국에 호감을 품게 되었다. 이수현의 행동은 국경을 넘어 많은 사람의 마음속에 잔잔한 파장을 일으켰다.

그의 행동이 뭇 사람들의 마음을 움직였던 이유는 무엇일까? 당시 이수현을 비롯하여 많은 이들이 지하철을 타기 위해 신오쿠보역 승강장에 서 있었다. 그들은 선로에 떨어진 취객에 대해 '안타깝게 여기는 마음'을 갖고 있었지만, 그 누구도 선로에 뛰어내려 취객을 구하는 행동을 하지는 못했다. 오로지 이수현만이 '선로에 떨어진 사람을 안타깝게 여기는 마음'을 곧바로 '행동'으로 옮겼고, 이 과정에서 짧은 생을 마감할 수밖에 없었다. 사람들의 칭송은 그의 '행동'에 보내는 찬사이며, 이는 인종과 문화를 단번에 뛰어넘는다.

그렇다면 이수현의 이러한 행동은 어디에서 나왔을까? 사실 그의 부모 입장에서는 아들이 조금만 더 계산적으로 생각했기를 바랐을지 모른다. 일본에서 힘들게 유학생활을 하면서 꿈꾸었던 미래나, 자신이 목숨을 잃음으로 인해 평생을 가슴 아프게 살아가야 할 부모님을 생각할 찰나의 시간만 있었어도 이러한 행동을 감행하기는 어려웠을 것이다. 그를 보는 시선 이면에는 즉각적으로 행동하지 못하는 우리 현실에 대한 비판도 들어 있다.

그러면서 동시에 우리는 여기서 도덕적 행동이 반드시 '이성'과 연관되어 있다는 상식에 대해 의문을 제기하게 된다. '계산적'이라고 표현했지만, 합리의 근거가 되는 이성적 판단은 찰나의 시간을 두고 도덕적 행동을 요구하는 상황에 적절하게 대응할 수 없다. 이수현의 행동은 타인에 대한 안타까운 정감이 계산의 시간을 뒤로하고 행동부터 불러일으킨 결과이다. '차마 어떻게 할 수 없는 안타까운 마음'이 이성적으로 판단할 시간을 주지 않았던 것이다.

사실 정감은 즉각적인 행동의 근거이다. 이성적인 사고가 시간을 필요로 하는 것과는 상반된다. 물론 합리적 판단이 뒷받침되는 행동을 요구하는 상황도 있지만, 어떤 상황은 판단보다 정감의 요구에 따라야 할 때가 있다. 이 경우 정감만이 순간적인 도덕적 행동의 요구에 즉각적으로 대응할 수 있다. 따라서 우리가 정감을 지속적으로 선하게만 발현시킬 수 있다면 '선한 정감'에 따른 '선한 행동'을 담보하는 새로운 윤리학을 만들어낼 수 있을 것이다.

생각하는 윤리, 행동하는 윤리

　미국 하버드대 교수인 마이클 샌델의『정의란 무엇인가』라는 책은 최악의 인문학 서적 침체기를 겪는 한국사회에서 기록적인 판매고를 올렸다. 마이클 샌델 신드롬을 낳을 정도로 우리 사회는 이 책에 열광했다. '정의'라는 서양 윤리의 대표 개념을 다루고 있는 이 책을 읽으면서 우리는 정의에 대한 명쾌한 답을 기대했고, 이 책은 그에 대해 상당한 답을 제시하고 있다. 그러나 이 책을 읽고 난 후 샌델을 비롯한 우리 모두가 '정의를 행동으로 옮기기 위한 개인의 구체적인 행동'에 대해 물어보면, 이는 종종 별개의 문제로 취급된다.

　이 책 1강에서 샌델 교수는 '옳은 일 하기'라는 제목을 붙이면서 "정의와 부정, 평등과 불평등, 개인의 권리와 공동선에 관해 다양한 주장이 난무하는 영역을 어떻게 이성적으로 통과할 수 있을까?"라고 묻는다. 그런데 사실 '이성적인 통과'라는 수사학적 표현이 옳은 일 '하기'라는 행동의 영역을 직접 건드리고 있는지에 대해서는 다시 한번 의문을 제기할 필요가 있다. 이 책은 이러한 질문에 따라 고대로부터 근현대에 이르기까지 다양한 정의론을 설명하고, 여러 사안에 대해 윤리적으로 어떻게 평가해야 할지를 논의하고 있다. 이성적인 통과를 중심으로 하면서, 실제 행동에 대해서는 개인의 판단에 맡기는 영역들이 존재한다.

　이와 같은 모습은 현재 우리의 윤리학 교실 수업 분위기를 반영한다. EBS 교육방송에서는 하버드 대학 강의실에서 샌델 교수가 '동성애자들의 합법적 결혼을 정부에서 인정해야 하는가?'를 질문으로 던지면서 진행한 수업을 방송한 적이 있다. 여기에서 샌델 교수는 학생들에게 '개인의 취향과 상관없이 이성적으로 객관화'해서 동성애자들의 결혼에 대한 윤리적 문제를 점검하라고 요구한다. 이러한 과정을 통해 학생들은 어떠한 논리적 근거에 의해 동성애가 비윤리적일 수도 있다거나, 또 다른 논리적 근거에 의해 윤리적인 문제가 아니고 개인의 선택 문제일 수도 있다는 사실들을 배운다. 하지만 그 과정에서 샌델 교수는 지금부터 '동성애를 하라'거나 '하지 말라'는 행동의 문제를 직접적으로 건드리지는 않는다. 학생들의 경우도 동성애 그 자체가 윤리적으로 문제가 없다는 데는 동의하면서도, 자신이 직접 동성애를 실행으로 옮기는 예는 거의 없다. 옳고 그름을 따지는 과정의 문제이지, 내가 어떻게 행동할지에 대해서는 개인의 판단을 다시 요청하기 때문이다.

이수현의 이야기를 우리의 윤리학 강의로 끌고 오면 어떻게 될까? 우리 역시 아마도 왜 이수현의 행동이 옳았을까를 물을 것이다. 그리고 칸트의 이론과 벤담의 논리, 존 롤스의 정의론 등을 바탕으로 이러한 행동에 대해 저마다의 평가를 내릴 것이다. 더불어 승강장에 서 있었던 다른 이들이 행동하지 않은 것에 대해서도 윤리적인 평가를 덧붙이며, 이를 통해 합리적인 사회의 윤리가 어떠해야 할지를 다양하게 설명할 것이다. 이렇게 명료한 나의 설명에 학생들이 박수를 치고, 나는 그러한 박수 소리에 뿌듯해하면서 강단을 내려온다. 그런데 어떤 학생이 나에게 '교수님, 앞으로 그런 상황에 또다시 부딪히면 저는 어떻게 해야 할까요?'라고 묻는다면, 아마 '지금까지 내가 강의한 것을 바탕으로 자네가 판단할 몫이네'라고 말한 후 강의실을 떠날 것이다.

이와 같은 현대 윤리학의 학문적 성격은 윤리학의 대상을 어디까지로 보아야 할지를 묻는다. 사실 윤리가 머릿속의 앎으로 끝나지 않아야 한다는 데 대해서는 동서양 모두 한목소리를 낸다. 하지만 학문의 범주가 이러한 행동의 근거를 마련해주는 것에 머물러야 할지, 아니면 실제 행동을 유발하는 이론으로까지 발전되어야 할지에 대해서는 견해차가 있다. 서양의 많은 윤리학자들은 여전히 이성적인 통과를 지지하지만, 우리의 경우 마음속으로는 후자를 지지하지 않을까?

물론 이 말이 서양 윤리가 행동은 도외시한 채 이론에만 치중해 있다고 보는 것은 결코 아니다. 어떠한 의미에서 몇몇 선진국의 시민들은 도덕적 행동까지 강조했던 동양사회에 비해 훨씬 수준 높은 윤리의식을 지니고 있고, 이를 실천에 옮기고 있다. 다만 학문의 영역에서 그들은 옳고 그름을 합리적으로 판단하는 데 초점이 맞추어져 있다는 말이다. 그러나 동양의 중심 사상이었던 유학은 옳고 그름을 따지기만 하는 것에서 그치는 것이 아니라 행동까지 이론적으로 강제해야 한다는 입장을 견지했다. 행동으로 드러나지 않는 앎은 무의미하다고 여겼던 것이다. 학문의 목적이 성인'됨'에 있었던 이유이다. 유학의 입장에서 보면 앎에서 그치는 것이 아니라 반드시 '행동'으로 드러나야 그 목적을 달성했다고 말할 수 있다. 유학이 행동의 근본 이유가 되는 사람의 정감에 주목하며, 그것을 중심으로 이론 구조를 만들어갔던 이유이다.

정감과 행위의 관계 그리고 정감의 이중적 가능성

사람의 행동은 특별한 상황에서 이성적으로 판단해야 할 경우 말고는 대부분 그 날 그 날, 혹은 그때 그때의 정감에 따른다. 비 오는 날 따뜻한 국물이 생각나고, 오랫동안 못 만난 친구에게 전화를 건다. 반드시 이유가 있어서 행동하는 것은 아니다.

이러한 정감의 지시는 즉각적인 행동을 불러온다. 선로에 떨어진 취객을 보면서 느낀 안타까운 정감은 목숨을 잃을 위험을 무릅쓰고 뛰어내리는 행동을 불러오고, 자신을 따돌린 전우들에 대한 분노는 총을 들고 전우들을 겨누게 만들기도 한다. 이성적 판단을 거치지 않은 채 정감에 따라 행동할 경우, 그 행동은 더욱 즉각적이고 직접적이다.

우리 주위에서 일어나는 도덕적 행위들도 이성적 판단보다는 도덕적 정감에 따르는 경우가 많다. 길에서 강도를 만난 사람을 측은하게 여기는 마음과 그 상황에서 아무것도 하지 않는 자신에 대한 분노는 이것저것 생각할 겨를 없이 칼을 든 강도와 상대하게 한다. 나라를 구하기 위해 일어났던 의병운동이나 민주화를 위해 자신의 목숨을 버렸던 행동에도 의분義憤이라는 정감의 작용이 더 컸다. 적어도 행동을 강제하고 유발한다는 측면에서 정감은 직접적이고 즉각적이다.

이러한 상황에서 '윤리는 행동을 통해 완성되어야 한다'는 명제를 받아들이면, 정감은 이성에 비해 강한 힘을 갖는다고 말할 수 있다. 특히 찰나의 상황에서 도덕적 행동이 요구되는 처지라면 더더욱 그러하다. 선한 정감을 통해 선한 행동을 만들 수 있는 이론이 이성적 판단에 따른 경우보다 더 직접적으로 행동을 유발하기 때문이다. 행동하는 윤리학은 정감을 중심으로 한 윤리 이론이 더 효과적일 수 있다는 말이다.

그런데 문제는 정감이 지닌 이중적 가능성에 있다. 윤리의 체계와 근거로서 정감이 채택되기 위해서는 이것이 지속적이고 보편적인 선함에 대한 기준이 되어야 한다. 더불어 객관적으로 공유할 수 있는 영역에서 설정되어야만 한다. 그런데 정감의 특성상 이것이 쉽지 않다. 정감은 일반적으로 개인적 속성에 속하고, 선이나 악과 같은 단일한 속성을 지니지 않기 때문이다.

이런 까닭에 어떠한 상황과 조우할 때 정감은 사람에 따라 지극히 자기중심적으로 드러나기도 하고, 모두가 이익이 될 수 있는 방향으로 드러나기도 한다. 그렇지만 대부분의 정감은 자기중심적이기 때문에 즉흥적이면서도 타인을 배려하지 않는 경우가 많다. 즉각적으로 선한 행동을 하는 상황을 포기하면서까지 정감이 만들어내는 문제를 없애고 싶어했던 영화 「이퀼리브리엄」의 판단이 이해가 갈 수밖에 없는 이유이다.

그렇지만 우리는 여전히 행위의 진정성이라는 측면에서 정감에 대한 기대를 적지 않게 품는다. 사랑의 정감을 통해 만들어지는 가정과 사회, 일에 대한 열정에서 오는 행복감, 이웃 간의 따뜻한 정감을 통해 솟는 삶에 대한 만족감과 같은 정감이 정말 포기의 대상이어야 하는가를 반문하게 된다. 이러한 이유에서 우리는 정감에 대해 세밀히 분석할 필요를 느낀다. 혹 선한 정감과 그렇지 않은 정감을 이론적으로 구분하고, 이를 기반으로 선한 정감을 지속시킬 방법을 이론화할 수 있다면, 행동을 담보하는 정감 윤리가 가능해지기 때문이다.

선한 정감에 대한 유학의 오래된 고민은 여기에서 출발한 것이다. 이성에 대한 개념 정립이 이루어지지 않았던 유학은 정감을 중심으로 윤리 이론을 정립했다. 이를 통해 선한 정감과 그렇지 않은 정감을 구분하는 구체적인 기준을 만들었으며, 선한 정감을 확보하기 위한 이론적 작업들을 지속시켜왔다. 따라서 유학이 고민했던 길을 따라 선한 정감에 대한 이론화의 가능성을 찾아보는 것은 이 시대에 걸맞은 새로운 정감 윤리의 가능성을 찾는 또 다른 길이 될 수 있을 것이다.

유학이 말하는 선한 정감의 이론화 가능성

행동을 유발하는 윤리학을 설정하기 위해서는 선한 정감을 유지시키고 부정적 의미의 정감을 차단할 이론적 메커니즘을 만들어야 한다. 이를 위해 선행되어야 하는 것은 '선한 정감'과 '부정적 의미의 정감'을 이론적으로 구분하는 일이다.

유학의 방식을 이해하기 위해 우선 간단한 심리테스트부터 해보자. 사람의 통행이 매우 드문 길목에서 내 앞으로 돈이 꽤 있어 보이는 중년의 신사가 걷고 있고, 나는 10미터쯤 떨어져서 그 뒤를 따르고 있다고 하자. 그 중년의 신사는 호주머니에서 무언가를 찾느라 뒤적이다가 그만 지갑을 떨어뜨렸는데, 그는 그 사실을 모르고 그냥 가던 길을 계속 간다. 뒤따르던 나는 지갑이 떨어진 것을 보았고, 주위에 다른 사람은 없다. 이 순간 나의 마음에 생겨나는 정감은 어떤 것인가?

일반적으로 이 경우 사람들에게 생겨나는 정감은 두 가지가 아닐까 싶다. 우선 조금은 당혹스럽지만 약간 즐거워하는 자신을 발견하게 된다. 꽤나 부유한 티가 났던 그의 지갑 속에 들어 있을 돈을 상상하니 흐뭇한 느낌을 감추기 어려운 것이다. 하지만 한편으로 '어이쿠! 저 사람……'이라는 생각과 함께 느껴지는 안타까움이 있다. 물론 이러한 정감을 느끼는 사람이 많지는 않을 수도 있다. 그러나 돈을 잃어버렸다는 사실을 알고 난 후 당황할 그 사람의 마음을 생각하면서 자연스레 안타까운 정감이 들 수 있다. 왜 그리 허술하게 지갑을 관리할까에 대한 작은 '분노'도 이런 안타까움과 궤를 같이한다. 나와는 상관없지만 그로 인해 내가 느끼게 되는 안타까움이다. 첫째에서 말한 즐거움의 정감은 부정적 의미이지만, 둘째에서 말한 안타까움의 정감은 그 중년 남자를 불러서 지갑을 주워주는 행위의 직접적인 이유가 된다.

그런데 이러한 각각의 정감이 어디로부터 발생하는지를 살펴보면, 이를 구분할 가능성을 찾을 수 있다. 타인의 지갑이 떨어진 것을 보면서 느끼는 안타까움이나 이수현이 취객을 보면서 느낀 안타까움은 모두 자신이 아닌, 타인에 대한 안타까움이다. 자녀를 사랑하는 어머니의 마음, 시아버지가 추워할 것을 안타깝게 여기는 며느리의 마음 등은 모두 타인의 상황을 보고 내가 느끼는 정감으로, 필자는 이것을 '공적公的 정감'이라 부른다. 이른바 선한 정감이다.

이에 비해 개인성이나 즉흥성으로 대변되는 정감은 내가 처한 상황에 대해 내가 느끼는 정감이다. 타인의 피해에 상관없이 내가 얻게 될 이익으로 인해 기뻐하는 정감이거나, 혹은 내가 얻게 될 쾌락만 욕망하는 것이다. 자기 자신에게만 한정되거나 혹은 가족, 지역 집단에만 한정된 정감도 여기에 속한다. 이러한 정감은 타인이 느끼는 아픔이나 두려움과는 상관 없이 자기가 속한 범주의 사람들이 얻을 이익에 대해 기뻐하고, 자신이 당할 비관적 현실에 대해 낙망하며, 내가 당하는 불이익에 분노하는 것이다. 이것은 공적 정감과 구분하여 '사적私的 정감'이라 부를 수 있다. 즉 자신과 자기 주위를 중심으로 '나를 위해 나만이 느끼는 정감'이다.

이렇게 보면 사람에게는 자신의 처지에 대해 느끼는 정감만 있는 것이 아니라, 타인의 상황을 보면서 그것에 자신의 정감을 전치시켜 느끼는 정 감도 있음을 알 수 있다. 이타利他적 정감이 존재하는 것이다. 바로 이 정감 이 객관화될 수 있다면, 이것을 중심으로 도덕철학의 설정이 가능하다. 공 적 정감을 내재적으로 유지시키고 사적 정감을 제거하는 작업이 가능하 다면, 즉각적인 도덕 실천을 담보할 만한 윤리학의 설정이 가능하다는 말 이다. 물론 이러한 공적 정감을 좀더 분석하고 현대적 관계 양상 속에서 적용할 수 있는 방법론들을 찾아나가야겠지만, 이것이 이뤄진다면 규칙이 나 규정에 따른 기계적인 관계에서 탈피해 '진정성을 담은 도덕적 행동'의 실현이 가능할 것이다.

유학은 이러한 가능성에 초점을 맞추었다. 맹자가 말한 선한 정감, 즉 '사단四端'은 사람이 가진 공적 정감을 증명하는 과정에서 나온 개념이다. 자신에게만 한정되어 있는 정감이 아니라 공적 관계에서 느끼는 정감들이 다. 즉 다른 사람이 처한 상황을 안타깝게 여기는 정감(측은지심)이나 타 인의 시선 속에서 나의 잘못된 행동을 부끄러워하는 정감(수오지심), 아무 리 배가 고프고 힘들어도 다른 사람의 호의에 대해 부끄럽게 여기면서 사 양하는 정감(사양지심), 그리고 내가 하고 있는 행동을 남이 어떻게 판단할지를 스스로 알고 있는 정감(시비지심)은 철저하게 공적 관계 속에서 느끼는 것이다. 선한 정감과 그렇지 않은 정감을 공公과 사私*로 구분하는 유학의 오래된 습관은 여기에서 나온 것이다.

이를 위해 유학은 사람이 가진 정감을 여러 형태로 분석하고, 그것이 지닌 긍정적인 면과 부정적인 면을 탐구해왔다. 공적 정감과 사적 정감의 이중적 요소에 대한 발견으로부터 공적 정감을 유지시킬 구체적인 방법에 대한 고민이 이루어졌던 것이다. 일반 정감인 '칠정七情'에 대한 탐구가 진행된 이유이며, 이후 유학의 이론화 과정에서 선한 정감四端과 일반 정감七情의 관계에 대한 논쟁이 본격화되었던 이유이다.

이러한 측면에서 보면 유학의 이론은 선한 정감의 근거를 확보하고, 이로써 사람에게서 선한 정감을 지속시키기 위한 이론화의 과정으로 규정할 수 있다. 어쩌면 이들의 노력을 살펴보는 과정에서 행동을 담보할 새로운 '정감의 윤리'를 만들어낼 수 있을 거라 생각했던 이유이다. 사단과 칠정에 대한 유학의 오래된 논의는 정감을 중심으로 한 윤리적 논의의 발견, 선한 정감을 객관화하기 위해 우주적 근거를 만들어가는 과정, 나아가 선한 정감을 현실의 삶에서 확보하기 위한 공부의 대상을 정하는 과정에서 벌어진 논쟁 등으로 점철되어 있기 때문이다.

이 책에서 사단과 칠정에 대한 의미와 그 이론적 승화의 과정, 그리고 현실적인 인간에게서 구현해보려는 노력들을 조망하고자 하는 것은 이러

＊ 군자와 소인을 구분하는 가장 중요한 기준도 여기에 따른다. 즉 군자는 세상 모든 사람들의 마음으로 어떠한 일을 판단하고 처리하는 사람이라면, 소인은 자신의 이익에 따라 어떠한 일을 판단하고 처리하는 사람이다. 공적인 사람을 군자로, 사적인 사람을 소인으로 보는 시각이다.

한 이유에서이다. 사실 논의 자체는 성리학 내부로 들어가는 까닭에 복잡하고 어렵다. 그러나 이러한 그들의 노력을 현실의 문제로 이끌어와 살펴보는 것은 유학자들의 선한 정감을 확보하려는 노력에서 우리 시대에 맞는 새로운 정감 윤리의 가능성을 발견할 수 있기 때문이다.

2. 정감의 위험성과 선한 정감의 발견: 원시유학의 선한 정감 찾기

　　　　　　　　유학은 중국의 오랜 전통인 예禮라는 강제화된 행동 및 문화 규범의 내면에 인仁함을 배치하면서 탄생한다. 이를 위해 공자는 사람의 올바른 행동인 예에 대해 강제화되었기 때문에 따르는 행동이 아니라, 인이라는 도덕적 진정성으로부터 저절로 드러난 행동으로 규정하려 했다. 이와 같은 공자의 입장은 유가儒家의 이념적 틀을 다졌으며, 올바른 마음을 통해 올바른 행동을 유발하는 이론 구조를 탄생시킨다. 이러한 내면화의 과정에서 필연적으로 정감에 주목할 수밖에 없었으며, 유교 윤리는 어떠한 의미에서든지 정감을 안고 갈 수밖에 없었다. 이것이 유교의 출발과 함께 정감이 논의되었던 이유이며, 선한 정감이 유교 윤리의 기본 이론으로 자리 잡았던 이유이기도 하다.

칠정: 정감의 위험한 속성들

공자가 편찬한 것으로 전해지는 『예기禮記』는 사람의 올바른 행동을 담보하기 위해 우선 사람의 정감에 대한 인정으로부터 시작해야 한다고 말한다. 『예기』 「예운禮運」 편에서는 기쁨喜, 성냄怒, 슬픔哀, 두려움懼, 사랑愛, 미움惡, 욕구慾와 같은 일곱 가지 정감에 대해 "배우지 않아도 누구나 상황에 맞닥뜨리면 저절로 드러나는 것"이라고 말한다. 이것은 유교 경전에서 '칠정七情'이라는 말이 처음 나오는 곳으로, 일곱이라는 숫자에는 큰 의미가 없다. 사람의 일상적인 정감을 일곱 가지 예로 든 것에 불과하기 때문이다.

아무런 교육을 받지 않은 갓난아이라도 배고프면 소리 내어 울 줄 알고, 기저귀를 갈아주면 기분이 좋아진다. 마음에 드는 이성을 만나면 사랑의 감정이 용솟음치고, 갑작스럽게 차선을 바꾸면서 끼어드는 차를 보면 불쑥 화가 난다. 사람이 정감을 가지고 있다는 사실은 그 사람이 선택한 것도 아니고 후천적인 노력에 의해 얻어지는 것도 아니다. 사람이라면 누구나 타고나며, 행동은 그러한 정감에 따른다. 사람이 도덕적으로 행동할 이론을 만들기 위해서는 긍정적이든 부정적이든 정감을 가졌다는 사실을 인정하고 시작해야 한다.

그렇다면 우리의 삶은 이러한 정감이 발현되는 그대로 인정하고 따라도 되는 것일까? 이 부분에 있어서 유학은 '현실적으로 악한 사회'와 '도덕적인 이상 사회'를 동시에 바라보면서 고민에 빠진다. 우리 모두가 알고 있듯이 일반 정감七情은 제거의 대상도 아니지만, 그렇다고 그 자체를 윤리적으로 긍정할 만한 대상도 아니다. 다만 그것이 선천적으로 주어졌기에 부정의 대상이 될 수 없다는 사실에 대한 확신만 있다. 즉 정감이 구체적인 상황에서 선하거나 악하게 드러나지 않았다면, 정감 그 자체는 '하늘로부터 받은 것'임을 긍정해야 한다는 정도이다. 『중용中庸』에서 "기쁨·성냄·슬픔·즐거움과 같은 감정으로 드러나지 않은 상태를 중中이라 한다"고 말했던 것은 사람이 가진 정감이 마음의 활동으로 드러나지 않은 상태를 가리킨다. 이때 사람의 정감은 하늘의 이치와 부합해 있으며, 선이나 악과 같이 특정한 방향으로 치우쳐 있지 않다. '중'은 이러한 상태를 설명하는 개념이다.

문제는 정감이 구체적인 상황에서 마음의 활동으로 드러났을 때이다. 『중용』의 저자는 하늘의 이치에 합치하는 상태로 마음의 활동이 일어난 것에 대해 "기쁨·성냄·슬픔·즐거움과 같은 정감이 어떤 상황에 맞닥뜨려 드러났는데, 그 상황에서 도덕적 규범에 딱 맞는 정감을 화和라고 한다"고 말한다. 가령 100킬로미터 행군 막바지에 전부가 허기진 상황에서 후임병의 배고픔에 대해 안타까워하고, 지하철에서 성추행하는 사람에 대해 분노하며, 백성이 평화롭게 사는 것을 보면서 기뻐하는 정감이 '도덕적으로 조화로운和 정감'이다. 나의 배고픔으로 인해 솟구치는 '고통'의 정감이 아니라, 공적인 관계 속에서 형성되는 타인에 대한 안타까운 정감이 바로 도덕적으로 조화로운 정감인 것이다. 이러한 정감은 도덕적인 행동을 직접적으로 유발하는 공적 정감이다.

그러나 이와 동시에 정감이 조화롭지 않은 마음의 활동으로 드러나는 경우도 상정해야 한다. '화和'라는 말을 통해 역으로 조화롭지 않은 상태

사단칠정 자세히 읽기

의 정감활동도 존재한다는 사실을 『중용』의 저자는 말하고 있기 때문이다. 정감 그 자체는 기뻐하고 슬퍼하며 즐거워하는 내용을 지니고 있지만, 선함이나 악함을 그 속성으로 갖지는 않았다. 이로 인해 내가 미워했던 사람이 죽었기 때문에 장례식장에서 기뻐할 수도 있고, 지갑을 떨어뜨린 사람을 생각하지 않고 내가 취할 이익으로 인해 즐거워할 수도 있다. 나를 따돌린 사람들에 대해 내 행동에는 아랑곳없이 기분이 나빠져 분노할 수도 있다. 옳지 않은 행동을 유발할 수 있는 조화롭지 못한 정감이다. 내가 처한 상황에 대한 나의 직접적인 정감 즉 사욕私欲이며, 이것은 공적 정감과 반대 방향으로 흐른다. 정감의 활동을 전적으로 신뢰할 수 없는 이유이다.

이러한 이유에서 『예기』의 저자는 '사람의 의로운 마음'과 '일상적 정감'을 구분한다. 일상적 정감은 제어하고 조절해야 할 대상으로 지목하고, 이를 통해 의로운 마음을 닦으라고 했던 것이다. 사람과의 올바른 관계 방식, 예컨대 부모는 자식에게 자애로운 정감을 갖는 것, 신하는 임금에게 충성스러운 마음을 갖는 것, 형은 동생에게 넓은 마음을 갖는 것 등은 사람의 의로운 마음으로, 이것이 바로 공적 정감이다.

정감 그 자체는 공적 정감과 사적 정감 모두를 포함하는 것으로, 정감의 활동에 따라 둘 중 하나로 드러난다. 『예기』의 저자는 이러한 이유에서 정감이 그대로 공적 정감으로 이행할 수 있도록 사적 정감을 제어하는 '수양'의 필요성을 제기한다. 그렇다면 이러한 제어와 조절은 쉽게 이루어질 수 있을까?

사단과 유자입정孺子入井: 선한 정감의 발견

앞서 보았듯이, 『예기』의 저자는 사람의 정감에 대해 위태위태한 시선을 보낸다. 일반 정감인 칠정은 태어나면서부터 모든 사람이 갖고 있지만, 그것은 또한 마음껏 활개치지 않도록 다스려야만 하는 대상이다. 사적 정감을 참고 누르며 그것을 공적 정감으로 만들어가는 삶의 자세가 요구된다.

어떻게 보면 사람에게 있어 자신만을 오로지하는 정감은 자연스럽다. 그러했기에 일반 정감을 말하고 있는 『예기』의 저자는 이러한 본성을 지속적으로 억누르면서 타인과의 관계를 생각하는 정감을 부여잡아야 한다고 보았다. 극기복례克己復禮는 이러한 『예기』의 입장을 바탕으로 '사적 욕망을 누르고 예에 맞게 행동하라'는 권유이다. 그러나 초기 유학의 이론 체계를 완성시켰던 맹자의 생각은 조금 다르다. 『예기』가 예禮의 회복을 위해 정감을 제어와 통제의 대상으로 이해한 데에 비해, 맹자는 사람이 가진 정감에서 무한한 선함의 가능성을 본다.

사람의 정감은 강한 전염성을 가지고 있다. 필자는 어느 날 「아침마당」이란 TV 프로그램을 보다가 출연자가 오랫동안 헤어졌던 가족을 찾으면서 눈물을 흘리기에 나도 모르게 왈칵 눈물을 쏟았다. 마찬가지로 장례식장에서 흘러나오는 곡소리에 슬픈 감정을 같이하지 않는 사람은 거의 없을 것이다. 맹자가 주목한 것은 바로 이 같은 사람의 정감이 가진 전염성이었다. 정감의 전염성은 다른 사람이 겪고 있는 아픈 현실을 보고, 그것을 나의 정감으로 전치시키는 과정에서 형성된다. 대부분의 사람은 다른 이가 느끼는 아픔과 고통을 자기 것인 양 느낄 수 있다. 인간은 자신이 직접 관계되지 않더라도 다른 사람이 처한 상황을 보며 슬퍼하기도, 분노하기도 한다. 맹자는 사람에게 이러한 정감이 있다는 것을 증명하기 위해 사람들로 하여금 자신의 마음을 들여다볼 것을 권한다.

만약 한 어린아이가 앞에 우물이 있는지도 모르고 엉금엉금 기어가고 있다고 해보자. 내 마음에서 어떤 정감이 떠오르는가? 아마 대부분의 사람은 놀라면서 '어! 어!' 하는 탄식을 내뱉을 것이다. 물에 빠질 것이 자명한 어린아이를 측은하게 여기는 마음에서 나오는 탄식이다. 가령 어떤 취객이 지하철 선로에 떨어졌는데, 그저 힐끗 보기만 하고 아무렇지 않게 친구와 대화하거나 잠시 중단했던 게임을 다시 시작하는 사람은 없다. 맹자가 말하는 그 유명한 '유자입정孺子入井'이다.

그런데 이 이야기에서 우리가 맹자의 의도를 좀더 정확하게 이해하기 위해서는 그 뒤에 맹자가 던지고 있는 질문에 답해야 한다. 선로에 떨어진 취객에 대해 안타까운 마음이 드는 이유가 혹시 그 사람과 알거나 혈연적 관계에 있기 때문은 아닌가? 혹은 그 사람을 보고 안타까워하는 정감을 갖게 되면 도덕적이라는 평을 듣고, 그렇지 않으면 도덕적이지 못하다는 비난을 받기 때문에 일부러 그러한 정감이 들게 한 것은 아닌가? 한마디로 다른 사람이 처한 상황을 보면서 갖게 되는 정감이 계산된 것은 아닌가 하는 것이다. 그러나 이러한 질문을 던지면서 자신의 정감을 검토해보아도 대부분의 사람은 '아니요'라고 답한다. 사람이라면 조금의 차이는 있겠지만, 대부분 다른 사람이 위급한 상황에 처했을 때 자신도 모르게 그 사람을 '안타깝게' 여기는 정감이 일어나기 때문이다. 이것을 맹자는 '차마 어떻게 할 수 없는 사람의 마음不忍人之心'이라고 했다.

이러한 마음은 도처에서 확인된다. 심지어 이러한 마음은 사람만을 대상으로 하지 않는다. 2010년 말 경상북도 안동을 중심으로 구제역이 발생했고, 17만 두나 되는 소와 돼지가 매몰 처리되었다. 당시 소와 돼지의 안락사와 매몰 처리를 담당했던 공무원들은 오랫동안 정신적 후유증을 겪어야 했다. 아무런 죄 없이 병에 걸렸다는 이유만으로 매몰되어야 하는 소와 돼지를 바라보는 '안타까운 마음'은 정신적 충격으로 다가왔고, 이것은 스스로 자정할 수 없는 충격으로까지 깊어졌다. 이러한 종류의 정감은 자신의 의지나 생각에 의해 이루어지는 것이 아니며, 맹자는 이에 대해 사람이라면 누구나 가지고 있는 것이라고 말한다.

맹자가 중시했던 것은 이러한 정감이 '선천적'이며, 따라서 '누구나 갖고 있다'는 사실이다. 사람의 선한 행동은 이러한 정감에 따른 것으로, 누구나 배우지 않고도 선한 행동을 할 수 있는 이유이다. 『맹자』에는 제후인 제선왕이 희생 제물로 쓰일 소가 아무 죄 없이 죽임을 당하러 끌려가는 것을 차마 보지 못해서 그 소를 살린 이야기가 나온다. 어린아이가 우물에 빠지는 것을 차마 볼 수 없는 정감은 이성적으로 판단할 여지 없이 바로 어린아이를 붙잡는 행동을 불러온다. 정감이 선천적으로 주어진 것처럼, 타인을 중심으로 생각하는 공적 정감도 사람에게 선천적으로 주어져 있다는 말이다.

맹자가 말한 선한 정감, 즉 사단四端은 바로 이러한 정감이다. 자신도 모르게 '다른 사람을 측은하게 여기는 마음惻隱之心'과 '자신의 잘못에 대해 부끄러워하는 마음羞惡之心', '다른 사람의 호의나 친절에 대해 사양하는 마음辭讓之心', 그리고 '옳고 그름에 대해 스스로 아는 마음是非之心'으로 대

사단칠정 자세히 읽기

표되는 네 가지 선한 정감은 사람의 본성으로, 도덕 정감이 선천적으로 주어져 있다는 사실을 입증하고 있다. 물론 여기에서도 사四라는 숫자는 중요하지 않다. 다른 사람과의 관계 속에서 사람이 느끼는 공적 정감이 선천적으로 존재한다는 사실을 네 가지 예로 드는 과정에서 나온 말일 뿐이기 때문이다. 따라서 우리가 '칠정'을 일반 정감이라고 한 것처럼, '사단'은 선한 정감이라고 할 수 있다. 선천적인 정감이고 특정 상황에 맞닥뜨렸을 때 타인을 대상으로 솟아오르는 정감이므로, 맹자는 이러한 선한 정감을 잘 유지하고 그대로 행동하기만 하면 누구나 성인이 될 수 있다고 말한다.

그러나 이론은 그렇다 해도 현실에서는 여전히 악함이 건재하고, 사욕을 채우기 위한 투쟁으로 점철되어 있다. 맹자의 말대로라면 세상에는 수많은 성인이 존재해야 하지만* 그렇지 못한 것이 현실 아닌가? 이 지점에서 우리는 맹자가 왜 네 가지 선한 정감四端을 말하면서 실마리를 뜻하는 '단端'을 썼는지, 그리고 이러한 문제를 해결하기 위해 어떠한 이론적 장치를 하고 있는지를 살펴보아야 한다.

'실마리'를 넘어 도덕 본성의 회복으로

필자가 선한 정감이라고 번역한 맹자의 사단四端은 말 그대로 풀이하면

---

* 맹자의 이러한 생각을 이어, 중국 명나라 때 양명학을 수용한 일군의 학자들은 길에 다니는 모든 사람이 '성인'이라고 주장하기도 했다. 특히 다른 생각이 없는 어린아이들이 가진 그 마음이 바로 '성인의 마음'이라고 생각했으며, 이들은 사람 마음의 정감을 최고의 판단 기준으로 여기기도 했다.

'네 가지 도덕 덕목의 실마리'이다. 앞서 살펴보았듯, 사四는 옆으로 제쳐두어도 된다. 문제는 맹자가 그것을 왜 실마리端라고 했는가이다. 여기서 잠시 이수현의 이야기로 돌아가보자.

맹자의 말대로 신오쿠보역 승강장에 서 있는 모든 사람은 취객이 선로에 떨어진 것을 보고 발을 동동 구르며 안타까워했다. 적어도 다른 사람을 측은하게 여기는 마음이 있었다는 사실은 입증되었다. 하지만 이수현만 선로에 뛰어들어 취객을 구하려고 했다. 모두 타인을 측은하게 여기는 선한 정감을 갖고 있는데 왜 행동으로 이어지지 못했을까? 사람이 가지고 있는 선한 정감이 선한 행동의 근거이기는 해도, 그것이 곧바로 행동으로 이어지지는 않는 현실을 보여주는 대목이다.

여기서 내가 바로 그곳에 서 있다고 가정해보자. 아무런 조치 없이 발만 구르기는 나도 마찬가지다. 그래서 뛰어내리려고 하는데 다가오는 지하철이 내 눈에 들어왔다. 그 순간 내 마음에는 취객을 측은하게 여기는 정감도 있지만 동시에 전철에 치어 죽을 것 같은 엄습하는 두려움도 있다. 공적 정감인 안타까움은 뛰어내리려는 행동을 강제하지만, 사적 정감인 두려움은 내 발목을 잡는다. 즉 도덕적 행동을 요구하는 상황에서 정감은 공적 정감과 사적 정감이 공존하며, 많은 경우 공적 정감이 사적 정감을 넘어서지 못한다.

맹자는 이러한 이유에 대해 사람이 가진 선한 정감이 마음 전체에 가득 차 있지 않기 때문이라고 말한다. 다른 사람을 측은하게 여기는 마음은 인仁함을 실현하기 위한 실마리일 뿐, 그 자체가 마음속에 가득 차 있어서 인한 행동을 만들어내는 완비된 도덕 정감은 아니다. 모든 사람은 누

사단칠정 자세히 읽기

구나 그 실마리를 가지고 있고 그 자체로 사람이라면 누구나 성인이 될 수 있지만, 그것은 어디까지나 가능성에 불과하다. 사람의 마음속에는 공적 정감의 실마리가 있지만, 동시에 자신의 욕망과 관계된 사적 정감의 활동이 더욱 크게 활개친다. 따라서 마음 전체에서 사적 정감을 몰아내면서 공적 정감으로 채우는 이론 체계가 필요하다.

이 지점에서 모든 사람에게 요청되는 것이 바로 수양, 즉 공부工夫이다. 맹자는 사람에게 성인이 될 가능성이 선한 정감으로 내재되어 있다는 사실을 입증했다. 문제는 그것이 실마리에 불과하므로 이를 마음 전체로 확장해가는 것은 각자가 수양을 통해 이뤄낼 수밖에 없다. 맹자가 '확충擴充'이라는 공부론을 제시하면서, 선한 정감의 실마리를 '마음 전체로 확대하여 가득 채우라'고 말하는 것은 이러한 이유에서이다.

그렇다면 확충의 구체적인 방법으로는 어떤 것이 있을까? 맹자는 이미 사람에게 선한 정감이 단서로 주어져 있기 때문에 그것을 잘 보존하기만 하면 된다고 생각했다. 마음이 흩어져서 사적 정감의 영향을 받지 않도록 하는 것으로, '잘잘못을 파악할 수 있는 자신의 마음'이 가르쳐주는 대로 그 마음을 보존해야 한다. 외부적 상황으로 인해 마음이 요동치는 대낮을 피해 자신의 마음이 가진 고요한 상태를 돌아보고, 그 상태의 마음을 지속시키는 공부를 요청하는 것도 이러한 이유에서이다. 하늘이 자신에게 준 본성에 대한 자각과 그것을 마음 전체로 키워가는 작업인 것이다. 즉 자신에게 주어진 공적 정감의 가능성을 자신의 대표 정감으로 만드는 노력이 있어야만 선한 정감이 늘 행동을 지배할 수 있다.

원시유학: 정감의 위태로움과 선한 정감의 발견

『예기』와 『맹자』에서 보여준 정감에 대한 각기 다른 이해 방식은 우리가 처음부터 고민했던 정감의 이중적 성격에서 비롯되었다. 선한 정감을 확보하려 했던 원시유학은 바로 이 같은 정감의 이중적 성격을 이론적으로 규명하고 증명했다. 선한 정감은 선한 행동, 즉 예禮에 맞는 행동을 유지시킬 수 있는 근거이지만, 그렇지 않은 정감은 선하지 않은 행동의 근거가 된다. 이러한 이중적 성격은 정감에 대한 규정을 어렵게 만들었다.

맹자의 발견은 그 가운데서 사람이 가진 선한 정감의 가능성이다. 『예기』가 사람의 정감에 대한 부정적인 우려에서 출발하고 있다면, 『맹자』는 사람이 성인이 될 수 있는 조건도 정감으로 주어져 있다는 사실을 논증한다. 그것이 비록 사람만이 가진 특징으로 정리되고 있지만, 어쨌든 이를 통해 보편적 정감의 설정 가능성을 보여준다. 더불어 맹자는 실마리에 불과한 선한 정감을 마음 전체의 도덕 덕목으로 만들어가는 이론 체계를 만든다. '현실은 왜 악한가?'에 대한 대답이면서, 동시에 '나는 오늘 어떻게 해야 도덕적인 행동을 할 수 있을까?'에 대한 구체적인 답변이다. 확충의 수양론이 중요해지는 이유이다.

이러한 원시유학의 발견은 이후 1000여 년 동안 주목받지 못하다가 신유학인 주자학의 출발과 함께 재조명된다. 이 과정에서 선한 정감은 정감으로서의 개인성과 즉흥성이 갖는 속성으로부터 벗어나, 모두가 동의할 수 있는 동일한 형태의 행동을 유발하는 객관적 정감으로의 변화를 꾀한다. 선한 정감에 대한 객관적인 근거를 확보하고, 이를 통해 정감을 객관화

사단칠정 자세히 읽기

하려는 노력이 이론적 결과물로 드러난 것이다. 이로써 선한 정감은 좀더 형이상학적인 이론 속에서 설명되고, 이것은 선한 정감에 대한 논의가 일반인들에게는 쉽게 다가갈 수 없게 만드는 이유가 되었다. 성리학의 형성과 더불어 맹자의 선한 정감은 우주의 보편적 법칙과 함께 논의되는 시점으로 진입하고 있는 것이다.

3. 선한 정감의 객관적 근거:
우주 보편의 이치와 주자학의 선한 정감

　　　　　　중국 전통의 역사에서 『예기』는 사람의 사적 감정을
제어할 수 있는 행동의 룰을 제시하고, 이를 통해 질서 잡힌 사회를 건설
하려고 했던 책이다. 이에 비해 『맹자』는 사람이 가지고 있는 선한 정감을
중심으로 타인과 소통하고 배려하면서 더불어 살아가는 사회를 모색하려
한 책이다. 그런 까닭에 정감에 대한 기본 시각이나 의미 해석이 다를 수
밖에 없었다.

　이처럼 각기 다른 문화적 배경과 성장 배경을 지닌 선한 정감과 일
반 정감이라는 두 개념이 한집 살림을 하게 된 것은 남송 시기 주희朱熹
(1130~1200)가 정립한 주자학朱子學에 의해서이다. 주자학은 한·당대까지
형성되었던 음양론陰陽論과 보편 철학인 불교의 영향을 받아 성립된 학문
체계로, 유학의 근본 목적인 '성인됨'을 추구하는 과정에서 기존의 유학과
는 다른 복잡한 이론 체계를 만들어낸다. 흔히 주자학에서부터 신유학新儒
學 또는 성리학性理學이라고 부르게 된 이유이다.

이러한 과정에서 주자학은 새롭게 형성된 이론적 구조 위에 유학의 모든 경전을 헤쳐 모여 시키는데, 이것이 이른바 집대성集大成이다. 선한 정감과 일반 정감이 '정감'의 영역으로 모이게 된 이유이며, 이러한 과정에서 정감은 주자학 전체 이론의 한 영역을 담당하게 된다. 맹자가 말했던 선한 정감, 그리고 『예기』를 통해 제시되었던 일반 정감에 대한 논의가 서로 관련성을 갖고 묶였으며, 그 과정에서 선한 정감은 주자학의 또 다른 이론을 통해 보증되고 엮이는 구조 속으로 들어간다.

선한 정감의 측면에서 보면 주자학의 성립은 대단위의 복잡한 이론 구조를 통해 선한 정감을 객관화하는 작업이라고 말할 수 있다. 사람만의 특징으로 규정되었던 맹자의 언명을 벗어나, 우주 전체의 보편적 이치로부터 그 객관성을 인정받는 정감으로 배치되고 있는 것이다. 정감이 개인적이고 즉흥적인 요소를 지닌 것도 사실이지만, 선한 정감의 영역만큼은 우주 보편의 이치를 통해 모든 사람에게 객관화될 수 있으므로, 이를 통해 통일된 행동 양식을 만들려 했다.

이것은 주자학의 성격이 보편 철학으로서의 유학을 만드는 과정에서 형성되었기 때문이다. 이 과정에서 유학은 사람의 본성과 선한 정감에 대해서도 보편적이고 객관적인 설명을 시도하였다. 따라서 주자학에서 말하는 선한 정감 찾기의 과정을 살펴보기 위해 우선 보편 철학으로서의 주자학에 대한 이해가 이루어져야 한다. 특히 조선에서 일어났던 사단칠정 논쟁은 바로 이러한 주자학의 이론 체계를 중심으로 이루어지기 때문에, 이를 살펴보기 위해서는 주자학 일반론에 대한 이해가 선행되어야 한다.

보편과 특수, 70억 인구가 같고도 다른 이유

선한 정감은 어디로부터 오는가? 맹자는 하늘이 사람에게 내린 본성이라고 말하면서 그 근거를 '하늘'에 두고 있지만, 여기서 하늘은 구체적인 의미를 띠진 않고 사람의 선천성을 설명하기 위한 언명에 불과했다. 원시 유학의 이론 구조가 사람이라는 특수에 한정되어 논의되었기 때문에 선한 정감에 대한 형이상학적인 근거를 만들지 못했던 것이다. 주자학은 큰 틀로 보았을 때 이러한 하늘이 무엇인지를 설명하는 과정에서 성립된다. 특히 보편 개념으로서의 하늘은 형이상학적 개념어로 탄생하고, 이러한 개념어가 무엇을 가리키는지를 설명하는 과정에서 보편 철학으로서의 주자학이 만들어진다. 성리설로 대변되는 유학의 이론 구조가 복잡해지고 어려워지는 이유이다.

사실 보편이나 형이상학 등과 같은 개념어들은 우리가 살아가는 현실의 특수한 사실들과 동떨어져 있다. 이것이 바로 주자학이 어려울 수밖에 없는 이유이고, 그 속에서 논의되는 선한 정감에 대해서도 쉽게 이해할 수 없는 이유이다. 그렇지만 보편적이고 형이상학적인 개념이라고 해도 대부분은 특수한 상황들로부터 만들어지므로, 끈기를 가지고 살펴보면서 조금씩 다가서는 재미를 느낄 수 있을 것이다.

이제 우리는 주자학이 보편 철학으로 이행되었다는 말부터 무슨 의미인지 알아야 할 것이다. 보편이라는 말은 반드시 특수라는 말과 짝하는데, 이것은 다양한 특수 속에 들어 있는 공통성을 보편으로 뽑아내기 때문이다. 다시 말해 모든 특수는 보편적 요소가 각각의 상황에 적용되면서 만

사단칠정 자세히 읽기

들어진 것으로, 다양한 특수 상황 속에 내재해 있는 공통 요소들을 보편이라고 한다.

예를 들어보자. 우리가 흔히 사용하는 '사랑'이나 '사람'은 보편 개념이다. 사랑이 무엇인가, 라고 묻자 어떤 유행가에서는 눈물의 씨앗이라고 답하지만 모두가 그러한 생각을 하는 것은 아니다. 부모가 자식을 사랑하는 방식은 어떤 경우는 따뜻한 위로와 격려이지만, 또 다른 경우는 엄격함과 채찍질이다. 연인들의 사랑은 '함께함'일 수도 있지만, 또 어떤 경우는 사랑하기 때문에 헤어진다. 너무 사랑해서 육체적 관계를 맺기도 하지만, 또 너무 사랑해서 어느 시점까지는 결코 육체적 관계를 맺지 않기도 한다.

사랑이라는 정감은 자상하기도 하고 엄격하기도 하며, 또 어떤 때에는 만남의 열망이기도 하고 또 다른 때에는 헤어짐의 이유이기도 하다. 따라서 사랑=자상함이라고 규정하는 것이 어떤 특수한 상황에서는 옳지만 또 다른 상황에서는 그렇지 않다. 그야말로 그때 그때 다르지만, 그 다른 모든 행동을 하게 만드는 근원은 사랑이다.

따라서 사랑은 모든 만남과 헤어짐, 자상함과 엄격함의 행동을 하게 만드는 보편적 정감이며, 동시에 사랑은 만남과 헤어짐, 자상함과 엄격함이라는 특수한 형태를 통해 드러난다. 사랑이 반드시 만남은 아니지만, 어떠한 만남은 사랑을 담고 있다. 이것은 '인함'이라는 보편 개념도 마찬가지이다. 이 때문에 인류의 스승인 공자는 인함을 가르치면서 개념 그 자체로 설명하지 않고 각각의 상황과 사람에 따라 특수하게 표현되는 양상에 빗대어 가르쳤고, 이런 까닭에 오히려 후대 사람들이 그 개념을 쉽게 이해하지 못하기도 한다.

'사람' 또한 마찬가지이다. 어떤 이는 남자이고 키는 180센티미터가 조금 넘는 '특수'를 통해 사람을 드러낸다. 반면 또 다른 이는 여자이고 키는 165센티미터 정도에 불과한 특수를 통해 사람을 드러낸다. 성격과 좋아하는 음식, 피부나 머리카락의 길이도 모두 다르다. 이렇게 다른 것은 이 두 사람에게만 그러한 것이 아니라 지구 인구 70억이 모두 그렇다. 그런데 어떤 이유에서 지구상에 살고 있는 70억을 사람이라는 보편 개념으로 규정하고, 이를 통해 특수한 개인과 특수한 인종, 특수한 집단의 사람을 설명한다. 사람이라는 보편 개념이 어떠한 개인에서 황인종으로, 키는 180센티미터, 검은 머리카락 등과 같은 특수 속성으로 드러나는 것이다.

그러면 이 같은 70억 전체의 각기 다른 특수를 묶어서 하나의 사람이라고 말할 수 있는 보편적 특징은 무엇일까? 물론 과학이 발전함에 따라 다른 동물과 구분되면서도 사람만이 가진 유전적 공통성을 중심으로 설명하기도 하지만, 2300여 년 전 맹자는 사람이라 불리는 존재에 대해 '다른 동물과 달리 도덕 정감을 가진 존재'라고 규정했다. 한편 데카르트 이후 칸트나 헤겔을 중심으로 한 서양의 근대 사상가들은 '이성을 지닌 존재'로 규정하기도 했다.

이렇게 보면 보편은 특수한 상황 속에 내재되어 있는 질서나 공통성을 의미하고, 특수는 그러한 보편의 양상들이 각 상황 속에서 드러나는 구체적인 모습이다. 그러므로 보편은 각각의 특수들을 하나로 포괄하여 설명하는 개념어이지만 어느 특수한 상황 하나만 가지고 보편을 규정할 수는 없다. 그렇지만 동시에 보편적 이치는 특수한 양상으로 드러나기 때문에 이 둘을 떼어놓고 설명할 수도 없다. 보편과 특수는 결코 떨어져 있지도 않지만, 그렇다고 완전하게 동일한 형태로 섞여 있지도 않다.

공통성으로서의 보편 개념을 찾아가는 단계는 가장 작은 단위의 특수로부터 출발한다. 흔히 우리 가족과 다른 가족의 차이를 설명하기 위해 우리 가족만의 보편성을 찾는다. 이러한 생각은 우리나라와 다른 나라의 차이를 설명하기 위해 우리나라만의 보편성을 찾고, 이것이 발전하면 황인종의 보편성을 찾으며, 나아가 다른 동물과 구별되는 사람만의 보편적 특징이 무엇인지를 묻는다. 그런데 이 최종적 논의 역시 다른 동물과 비교하여 사람만이 가진 특수성을 찾는 것이기도 하다.

이렇게 되면서 이론적 사유는 좀더 궁극의 보편성을 찾으려는 노력으로 확장된다. 즉 사람이라는 특수한 존재, 돌이라는 특수한 존재, 나무라는 특수한 존재들을 포괄하는 범우주적 보편성을 찾는 것이다. 같은 생명체인데 왜 호랑이는 호랑이로 태어나고 사람은 사람으로 태어날까? 모든 존재를 포괄하는 어떠한 공통된 원리가 각각의 특수한 종들을 만들어내는 것일까? 이러한 방식의 질문이 바로 보편 철학에서 묻는 것이다. 기독교는 이러한 질문에 대해 하느님이라는 신을 보편 존재로 설정하고, 이를 통해 세상의 모든 질서와 원칙을 설명한다. 불교는 '우주의 원리'라는 보편성을 설정하고, 그것으로 사람을 비롯한 모든 존재의 특수성을 설명한다.

주자학은 이러한 불교의 영향을 받아 우주의 보편적 원리를 설정하고, 이것을 통해 사람이나 동물, 기타 우주의 다양한 존재가 가진 특수들을 설명하기 시작한다. 보편과 특수의 관계 속에서 각각의 개별적인 존재들이 설명되고, 이것은 사람 역시 마찬가지이다. 이러한 과정에서 우주의 보편적 원리를 찾아 나서는 작업과 그러한 보편적 원리가 각각의 특수한 존재를 어떻게 만들어내는지에 대해서도 고민한다. 원시유학이 '사람'이라는 특수에 한정되었다면, 주자학은 보편적 원리로부터 사람을 설명하는 방식을 띠게 되는 이유이다.

보편 철학으로서의 주자학

그렇다면 주자학에서 말하는 우주의 보편적 원리는 무엇일까? 그리고 그것이 특수한 양태로 만들어지는 방법은 어떻게 설정할까? 중국의 문화적 전통 속에서도 일종의 세계를 설명하는 방법이 존재했다. 특히 한대漢代 이후 형성된 음양론陰陽論은 우주의 형성과 운동 그리고 변화를 설명하는 틀로서 정착되었다. 물론 세계가 음과 양으로 이루어졌다는 사유를 오늘날의 입장에서 평가하면 유사과학에 불과하겠지만, 그 내용을 자세히 살펴보면 상당한 설득력을 지니고 있다. 왜냐하면 이것은 매우 상식적인 수준에서 출발하여 보편적인 원리를 도출하기 때문이다.

모든 존재를 특수성의 측면에서 설명하면 그 다양성은 한도 끝도 없다. 그러나 주어진 다양한 자료를 어떤 한 체계에 따라 분류하고 그것이 가진 공통점들을 찾아보면 우리 눈에 쉽게 발견되는 것들이 있다. 예컨대 한국 사람들의 주민등록번호를 보면 남자의 경우 1, 2000년 이후 탄생하면 3, 여자의 경우 2, 2000년 이후 탄생하면 4로 시작된다. 사람을 남자와 여자로 분류하는 것은 일반화된 분류법이다. 모든 동물 또한 수컷과 암컷이 있고, 심지어 식물 역시 그러한 경우가 있다. 튀어 올라온 산이 있으면, 깊게 패인 바다도 있다. 밝거나 튀어나온 것, 더운 것 등을 어둡거나 패인 것, 추운

사단칠정 자세히 읽기

것과 대비된 하나의 속성으로 생각하여 이것을 양陽이라 했고, 대비된 것들을 음陰이라 했던 것이다. 이렇게 보면 세계는 음과 양으로 단순화된다.

세계의 거대 구조를 음과 양으로 바라보게 되면, 세계 속에서 이루어지는 다양한 생명체의 탄생과 삶, 운동, 나아가 복잡한 속성들까지 음과 양이라는 속성을 부여하여 설명할 수 있다. 더불어 생명의 탄생 역시 이러한 논의 구조 속에서 설명 가능하다. 아메바와 같은 단세포 생물이 아니라면 대부분의 생명체는 음과 양의 결합을 통해 새로운 생명을 만든다. 세계의 질서 역시 음과 양으로 풀이된다. 음과 양이 교차하는 것을 운동의 질서로 설명하자면, 어두운 밤이 물러가고 밝은 낮이 오며, 더위가 물러가고 추위가 오며, 왕성한 생명도 언젠가 죽음을 향해 가며, 높은 곳에 있는 것은 반드시 낮은 곳으로 떨어진다. 우주의 생성과 변화, 운동 등에 대한 설명이 가능한 이유이다.

그런데 여기에서 우리가 조금만 눈여겨보면 모든 것은 음에서 양으로 계속해서 변하지만, '변한다는 그 자체'는 변하지 않는다. 봄이 가면 여름이 오고, 여름 이후 가을과 겨울로 이어지는 이 변화에는 질서가 있으며, '그렇게 변한다는 사실 그 자체'는 변하지 않는다. 변하지 않는 원칙이 '질서 있는 변화'를 만든다는 사실을 깨닫게 되는 지점이다. 이 때문에 음과 양은 제각기 예측할 수 없게 변하는 것이 아니라 특정한 질서 속에서 예측 가능하게 변한다. 여기에서 '변화라는 특수'와 '변화하게 하면서 변하지 않는 보편'의 설정이 가능하다. 주자학은 바로 이러한 사유 방식을 바탕으로 보편 철학을 만든다.

우리가 바라보고 있는 모든 형체나 변화, 운동 등은 '변하게 하면서도 변하지 않는 질서'와 그에 따른 변화가 합쳐진 것이다. 주희는 스스로는 변하지 않으면서 변하게 하는 것을 가지고 세계를 움직이는 것을 '이치理'라고 생각했으며, 이러한 이치가 다양한 변화와 물질적 속성, 형태 등을 의미하는 '기氣'와 합쳐져서 삼라만상이 생성되고 변화한다고 보았다. 그는 이처럼 변하지 않는 궁극의 이치를 '태극'이라고 하여 음양 앞에 둠으로써 모든 존재를 초월하는 절대적 법칙을 설정했다.

이렇게 되면 태극은 직접 눈으로 보거나 체험할 수 없다. 태극은 봄이가면 여름이 오는 '법칙', 음과 양이 만나면 새로운 생명체가 만들어지는 '이치', 높은 곳에서는 떨어지고 낮은 곳에서는 멈추는 '법칙' 등이기 때문이다. 사람이 사람을 낳으면 사람의 형체를 하고, 사람의 생각을 하며, 사람의 느낌을 갖게 되는 이치가 바로 태극이다. 이러한 면에서 보면 태극은 기독교의 하느님과 같은 인격적 신神이 아니라, 세계와 우주가 작동하는 하나의 원리나 이법理法을 의미한다. 개별 존재가 지닌 개체의 속성들, 예컨대 형체나 질감, 운동, 감각, 느낌 등으로부터 분리된 순수 원리로, 이것들이 각각의 개체의 속성들을 통해 그러한 법칙과 이치를 드러낼 뿐이다.

이러한 설명은 사물이 만들어지는 원리에도 동일하게 적용된다. 모든 사물은 보편으로서 태극이라는 이치와 특수로서 사물의 다양한 속성(예컨대 형태, 운동, 판단 등과 같이 실제 드러난 현상들)이 합해져서 이루어진 것이다. 이때 각 사물이나 존재 속에 내재된 태극의 원리를 이치理라 하고 다양한 속성을 기氣라고 규정한다. 모든 사물은 이치와 기의 결합으로 이루어졌다는 주자학의 명제는 여기서 만들어진다. 이렇게 보면 이치는 우주안에 모든 존재가 가진 보편과 형이상학적 개념을 지칭하는 개념이며, 기는 각각의 존재들이 가진 특수한 양태와 운동, 변화 등을 지칭하는 개념이다. 우주 안의 모든 존재는 이러한 이치가 각 존재의 속성인 기와 합해져서 만들어졌다는 말이다.

주자학의 관점에서는 어떤 존재든지 이치와 기의 결합 아닌 것이 없다. 나무는 나무의 이치와 그것을 형성하게 하는 다양한 속성으로서의 기가 합해져서 우리 눈앞에 있는 형태와 모습으로 만들어졌으며, 호랑이나 사람도 그러하다. 이치와 기는 결코 떨어질 수 없는 존재이다. 하지만 그렇다고 이것이 완전하게 하나처럼 섞여 있는 것도 아니다. 앞서 보았던 것처럼 이치는 보편이고, 기는 특수이다. 보편은 특수를 초월한 공통성을 의미하므로, 보편의 내용이 특수의 영역에 한정될 수는 없다. 따라서 이치와 기는 결코 떨어져 있지도 않지만, 그렇다고 완전하게 하나로 섞여 있지도 않다.

이렇게 되면서 이치는 특수의 영역들을 전혀 갖지 않는다. 즉 물질적 속성으로부터 생성하고 변화하며 운동하는 다양한 특수들은 모두 기의 영역에서 인정되고, 이치는 그러한 특수들의 본질적 이치로서만 존재할 뿐이다. 이치는 기를 통해서 드러날 뿐이며, 기는 이치 없이 홀로 특수한 기능을 수행할 수는 없다. 이치는 기를 통해서만 실현되고, 이치는 원칙으로서만 존재한다는 주자학의 대원칙이 만들어지는 대목이다.

주자학, 사람은 곧 마음이다

세상의 모든 존재가 이치와 기의 결합으로 이루어졌다는 원칙은 사람에게도 그대로 적용된다. 사람에게도 사람의 이치가 주어져 있으며, 그러한 이치가 사람을 형성하는 다양한 속성들의 기와 만나 나라는 특수한 사람을 만든다. 태극이라는 우주 보편의 원리가 사람에게도 사람의 이치로 주어져 있으며, 그것이 키와 몸무게 등의 다양한 속성을 통해 나로 형상화된다. 이렇게 되면서 사람은 더 이상 사람이라는 종에만 한정되는 것이 아니라, 우주의 이치와 질서 속에 편입된 존재가 된다. 우주 전체 질서 속에서 사람의 존재 의미와 가치가 평가되는 것이다.

그렇다면 사람에게 주어진 사람의 이치는 무엇일까? 주희는 이 물음에 대한 답을 찾아가는 과정에서 맹자의 철학에 주목한다. 불교에서 모든 사람에게 불성佛性이 주어져 있으므로 누구나 해탈할 수 있다고 가르쳤던 것처럼, 맹자는 모든 사람에게 선한 본성이 선천적으로 주어져 있어서 누구나 성인이 될 수 있다고 가르쳤다. 곧 맹자의 성선론性善論이다. 주희는 맹자의 이 말을 채택하여, 하늘의 이치가 사람에게 주어진 구체적인 내용을 '사람의 선한 본성性'이라고 규정했다. 우주의 보편적 질서인 태극이 사람에게는 선한 본성으로 주어졌다는 말이다. 사람의 이치가 바로 사람의 본성으로, '사람의 본성이 곧 하늘의 이치이다性卽理'라는 주자학의 마음 관련 대명제가 만들어지는 지점이다.

그러면 본성의 구체적인 내용은 무엇일까? 이 대목에서도 주희는 맹자의 철학을 잇는다. 그는 사람의 본성이 가진 실질적인 내용에 대해 인함仁·의로움義·예의禮·지혜로움智과 같은 도덕 덕목이라고 말한다. 사람이 사람으로서 반드시 실현해야 할 본성이 바로 도덕 덕목이다. 사람이 성인이 되어야 할 이유가 맹자 때보다 훨씬 거창해졌다.

그렇다면 '사람의 기'는 무엇일까? 앞에서 본 것처럼 기는 모든 존재가 가진 다양한 형태와 속성, 운동 등과 같은 존재의 속성을 뜻한다. 동양사회에서는 사람이 기절氣絶했다고 하거나, 기의 흐름이 불순하다는 말을 하곤 한다. 기가 끊어지면氣絶 기본적인 운동성을 잃거나 생명을 잃기도 하며, 정상적이지 않은 기의 흐름은 온갖 병의 원인으로 작용하기도 한다. 그만큼 사람이 생명체로서 정상적으로 활동하면서 살아갈 수 있게 하는 기본 요건이 바로 기이다. 이런 까닭에 동양 의학이나 예술, 무예 등에서 기는 중요하게 다루어진다. 사람의 형체와 사지四肢, 사람의 피부와 키, 움직임, 생활 등 모든 것이 기의 영역이라고 할 수 있다.

그러나 성인됨을 목적으로 하는 주자학은 이러한 종류의 기에 대해서 크게 주목하지 않는다. 사람에게 주어진 도덕 법칙이 어떻게 몸을 제어해서 도덕적 행동을 하게 할 것인가가 중요한 문제이기 때문이다. 따라서 기에 대한 논의도 대부분 마음을 중심으로 이루어진다. 이런 까닭에 주자학에서는 '사람의 기'를 '마음의 기'와 구분하지 않는다. 도덕 철학의 입장에서 보면, 선한 행동을 담보하는 요건은 마음에 달려 있기 때문이다.

이렇게 보면 사람(마음)의 기는 선한 본성인 인의예지라는 도덕 덕목을 제외한 모든 마음의 활동을 뜻한다. 하늘이 사람에게 부여한 인의예지가 표현되는 다양한 방식과 사람이 가진 일상적 정감, 욕망 등이 바로 기의 영역이다. 특히 도덕 본성을 현실에서 실현할 수 있도록 행동을 제어하는 모든 마음의 활동도 사람의 기이다. 주희는 이러한 마음의 활동을 우리가 알기 쉬운 말로 '정감情'이라고 통칭한다. 이리하여 사람의 마음은 '사람이 사람일 수 있게 하는 이치'인 본성性과 그것을 '마음의 활동으로 드러나게 하는 기'인 정감情을 합해서 부르는 개념으로 정립된다.

선한 정감四端과 일반 정감七情에 대한 논의는 바로 여기에서 이루어진다. 『예기』를 통해 처음 등장한 일반 정감은 마음의 기로, 이것을 주희는 정감情으로 정리했다. 여기에서 주희는 『맹자』가 말한 선한 정감도 정감으로 이해한다. 선함에 초점을 맞춘 것이 아니라 정감에 초점을 맞추어서, 선한 정감 역시 마음은 선한 본성(리)이 정감(기)의 형태로 드러난 활동으로 인식했던 것이다. 따라서 선한 정감은 사람이 하늘로부터 부여받은 선한 본성을 구체적으로 실현시키는 정감이며, 하늘의 이치를 실현해가는 정감이기도 하다.

이제 우리는 보편 철학으로서의 주자학 속에서 선한 정감이 어떻게 설정되는지를 살필 수 있게 되었다. 주자학도 마음의 활동이라는 측면에서 정감을 중시한다. 정감은 '본성'을 현실에서 드러내는 주체이므로 마음에 중요한 역할을 한다. 특히 본성과 정감의 관계를 논하면서 주희가 주목한 것은 인함이나 의로움, 예의, 지혜로움 등과 같은 본성과 그것이 정감으로 발현된 선한 정감이다. 선한 정감은 사람이 하늘로부터 받은 본성을 사적 정감의 방해 없이 마음의 활동으로 그대로 드러낸 것을 뜻한다.

이러한 이해 속에서 보면 선한 정감은 하늘의 이치와 그것이 사람에게 주어진 본성을 통해 객관적으로 인정받는 위치로 올라선다. 맹자는 어린아이가 물에 빠지는 상황을 가정해 모든 사람이 선한 정감을 지녔다는 사실을 논증하였다. A도 측은해하고, B도 측은해하며, C도 측은해하는 정감을 가졌다는 이유에서 모든 사람은 선한 정감을 가졌다고 했다. 전형적인 귀납적 방법으로, D라는 한 사람만 측은해하는 정감을 갖지 않아도 이 결론은 뒤바뀔 수 있다. '모든 사람'에게 강제화시키는 이론으로서는 취약성을 노정하고 있다.

반면 주자학은 선한 정감을 연역적 차원에서 증명한다. 선한 정감은 사람의 존재를 형성하는 기본 원리와 관계되기 때문이다. 주자학에서는 사람으로 태어나는 이상 사람의 본성을 가질 수밖에 없고, 그러한 본성은 선한 정감을 통해 드러난다. 사람인 이상 그 본성은 사욕의 방해가 없는 한 선한 정감으로 드러난다. 여기에서 선한 정감은 정감이 지닌 즉흥성과 개인성을 벗어나 모든 사람에게 동일하게 적용될 수 있는 객관적 정감의 영역으로 편입된다. 객관적 법칙인 하늘의 이치가 선한 정감으로 드러나기 때문이다. 정감을 윤리적 기준으로 활용할 이론적 근거가 마련되고 있는 것이다.

여전히 문제인 것은 선한 정감이 아닌 일반 정감이다. 일반 정감 역시 원론적으로는 본성이 정감의 형태로 드러난 것이므로 그 자체는 본성을 실현하는 정감이다. 그러나 본성이 그대로 드러난 것은 선한 정감이므로 이 둘의 관계를 어떻게든 설정해야 하는데, 주자학에서는 이 문제에 대해 답하지 않았다. 조선에서 선과 악, 이치와 기라는 주위 범주와 일반 정감─선한 정감의 관계에 대한 논쟁이 일어날 수밖에 없었던 이유이다.

4. 사단칠정 논쟁
－선한 정감은 어디로부터 오는가

1558년 10월 서울, 당대 최고의 학자이자 성균관 대
사성인 이황退溪 李滉(1501~1570)에게 갓 과거에 급제한 젊은 학자 기대승高
峯 奇大升(1527~1572)이 찾아왔다. 당시 이황의 나이 58세였고, 기대승은 32
세였다. 그전에 이황은 정지운秋巒 鄭之雲(1509~1561)이 지은 『천명도설天命
圖說』의 내용을 감수하면서 약간 수정한 적이 있는데(이 내용은 뒤에서 다
룰 것이다), 이를 두고 세간에서 의견이 분분하다는 사실에 대해서 알고 있
었다. 기대승 역시 그에 대한 의문을 풀고자 서울에 있는 이황을 찾았던
것이다. 복잡한 성리설 관련 논의들이 오갔을 것은 자명하다.

젊은 학자 기대승은 비록 예는 갖추었지만 자신의 입장만큼은 분명하
게 표명했고, 이미 노학자의 반열에 들어선 이황은 진지하게 그 젊은 학자
의 반박을 듣고 자신의 입장을 정리했을 것이다. 이러한 내용을 중심으로
그 이듬해(1559)에 이황은 수정한 내용을 정리해서 광주에 있는 기대승에
게 편지로 보내는데, 이것이 조선 최고의 논쟁이었던 사단칠정 논쟁의 시

사단칠정 자세히 읽기

작이다. 한국 사상사와 정치사의 한 획을 긋는 이 논쟁은 이 편지를 시작으로 8년여에 걸쳐 진행되었는데, 여기에서 합의되지 못했던 입장은 이후 조선을 대표하는 퇴계학파와 율곡학파가 나뉘는 원인으로 작용한다. 더불어 이러한 학파적 분기는 정치적으로도 기호와 영남을 가름으로써, 끝끝내 봉합되지 않는 입장차로 이어졌다.

논쟁의 발단

우선 최초로 문제가 되었던 부분을 중심으로 논쟁이 일어난 이유가 무엇인지부터 확인해보자. 논쟁의 발단이 된 이황의 첫 번째 편지 내용은 비교적 간략하다. 『천명도설』에서 선한 정감인 사단四端을 이치理가 발현한 것으로, 일반 정감인 칠정七情은 기가 발현한 것으로 정리하자 기대승이 이에 대해 문제가 있다는 비판을 제기해왔다. 1558년 10월에 있었던 만남에서 이 문제가 거론되었을 것으로 생각된다. 이렇게 되자 이황은 자신의 입장을 수정하여 그 이듬해에 편지를 보내는데, 그 내용이 바로 "선한 정감이 마음에서 드러난 것은 순수한 이치에 따른 것이므로 불선不善함이 전혀 없고, 일반 정감이 마음으로 드러날 때에는 기도 겸하고 있기 때문에 선과 악이 있다"는 것이었다. 이 편지를 받고 기대승이 이를 비판하는 장문의 편지를 보내면서 논쟁은 본격화되었다.

그렇다면 기대승은 이 말에 어떠한 문제가 있다고 생각했던 것일까? 주희는 마음에 대해 설명하면서 그것이 이치와 기의 결합이고, 마음속에서는 본성과 정감으로 치환된다는 사실을 설명하는 데 힘을 쏟았다. 우주 보편의 법칙이 사람의 마음에 주어져 있다는 사실을 증명하는 일이 시급했던 것이다. 이 때문에 주로 인의예지라는 사람의 선한 본성性이 선한 정감으로 드러나며, 여기에서 선한 정감은 '본성理'이 아닌 '정감氣'이라는 사실을 말하는 데 대부분의 지면을 할애했다. 일반 정감인 칠정과 선한 정감인 사단의 관계에 대해서는 거의 논의하지 않았던 것이다. 다만 '둘 다 정감'이라는 사실과 선한 정감이 '이치'와 가깝고 일반 정감이 '기'의 영역에 속할 수 있다는 사실에 대해서 긍정하는 정도였다.

문제의 쟁점을 알기 위해 이 내용을 조금만 더 분석해보자. 선과 악을 규정해야 하는 도덕 철학의 입장에서 보면, 도덕 본성性은 선하기 때문에 선한 정감의 근거가 된다. 따라서 선한 정감은 본성, 즉 이치理와 밀접하게 연관된다. 그러나 일반 정감인 칠정 속에는 선한 정감도 있고 사욕도 있는 까닭에 사람의 비도덕적인 행위는 일반 정감에서 나온다고 말할 수 있다. 이 때문에 일반 정감은 비도덕적 정감의 근거일 수 있으며, 이로써 선한 정감과 일반 정감을 분리해서 이해해야 할 필요성이 제기된다. 이황은 이러한 이유에서 선한 정감을 이치로, 일반 정감을 기로 치환시키려 했다.

그렇지만 마음의 활동이라는 측면에서 보면 선한 정감이나 일반 정감 모두 '이치'는 아니다. 선한 정감이라 하더라도, 그것은 정감이기 때문에 기의 영역에 속한다. 동시에 일반 정감 역시 원론적으로는 '본성'인 이치(리)가 마음의 활동으로 드러난 것이기 때문에 그 자체를 이치와 별개인 것으로 볼 수도 없다. 정감인 이상 이미 이치와 기의 결합으로 이해되어야 한다. 단순하게 선한 정감만을 이치에 소속시키고, 일반 정감을 기에 소속시킬 수 없는 이유이다. 기대승이 선한 정감과 일반 정감을 분리시켜 이해할 수 없으며, 그것을 각각 이치와 기로 치환시킬 수도 없다고 생각했던 까닭이다.

이 때문에 기대승이 일반 정감을 기氣로만 설명했던 이황에게 문제가 있다는 지적을 했고, 여기에 대해 이황이 편지를 보내서 '(이치도 있지만) 기를 겸하고 있다'라는 방식으로 표현을 고쳤던 것이다. 그러나 이황은 근본적으로 선한 정감의 근거가 우주의 보편적 이치이고, 일반 정감은 존재의 속성인 기와 관계된다는 생각을 바꾸지 않았다. 선한 정감의 근거를 달리 설정함으로써 악한 정감을 제어하거나 제거할 수 있는 영역을 분명히 하려 했던 것이다. 그러나 이러한 입장은 정감 전체를 긍정하고, 그 속에서 선한 정감을 발현시켜야 한다고 했던 기대승의 생각과 차이가 있었다.

이렇게 보면 이황과 기대승 사이의 사단칠정 논쟁은 선한 정감의 근거에 대한 주자학적 해석을 둘러싸고 벌어진 논쟁이라고 할 수 있다. 다시 말해 선한 정감을 순수한 이치의 영역에서 이해할 수 있을지, 그렇지 않으면 기의 측면에서 이해해야 하는지의 문제인 것이다. 사람이 선한 정감을 지속적으로 유지하고 객관화하기 위한 이론화의 과정에서 그것을 절대적 선함인 이치의 영역으로 보려 했던 이황의 입장과, 본성이 정감으로 드러난 상황에서 그 정감의 일부인 선한 정감으로 보려던 기대승의 입장이 부딪친 것이다.

그런데 이러한 입장 차가 왜 문제가 되었을까? 우선 이 논쟁은 순수하게 성리학 내부의 문제이기 때문에 학자적 입장의 차이라고 할 수 있다. 특히 선과 악을 중심으로 이치와 기를 읽으려고 했던 이황의 입장은 주자학의 기본 이론과 차이가 난다. 성리학 내부의 문제라고 말했던 이유는 여기에 있다. 그렇지만 또 다른 문제는 이 입장 차가 선한 정감을 확보하기 위한 구체적인 공부의 방법에서 차이를 발생시킨다는 것이다. 사단칠정 논쟁은 선한 정감의 근거에 대한 각기 다른 입장 차이지만, 동시에 그것은 선한 정감을 현실에서 지속적으로 확보할 수 있는 구체적인 '방법'에 대한 입장 차이로 드러나기 때문이다. 그 구체적인 내용에 대해 각각의 입장을 중심으로 살펴보자.

이황: 선한 본성에서 선한 정감으로

이황의 관심은 사람의 마음속에 있는 선과 악을 명시적으로 구분함으로써 악을 제거하고 선을 지속적으로 확보하는 것이다. 이러한 이유에서 이황은 사람의 선한 정감과 일반 정감을 구분하고, 그 속에서 선한 정감이 사람의 마음속에서 지속적으로 활동할 수 있는 이론적 구조를 만들어내려 했다. 관심의 영역이 사람의 도덕적 행위에 고착되어 있었고, 주자학의 형이상학적 이론 구조는 그것을 위해 요청하는 정도로 활용했던 것이다. 이황의 이러한 노력은 우주의 존재 법칙을 먼저 설정하고 그 속에서 사람의 존재 방식을 설명하려 했던 주희와는 차이가 있다.

이러한 관점은 '선함'의 근거와 그것이 드러나는 방식을 명시화하는 데 의미를 두며, 특히 선함과 악함을 철저하게 구분하는 이론적 차별화에 힘을 싣게 된다. 물론 주자학자로서 주자학의 이론 기반 위에서 이것을 해결하려 해, 주자학에 대한 의도된 적극적인 해석을 수반하기도 한다. 우리가

사단칠정 자세히 읽기

이와 같은 논쟁을 살펴보기에 앞서 주자학의 기본 입장을 확인했던 것은 이 논쟁의 형식적 양상이 '선한 정감과 일반 정감의 관계에 대해 누가 더 주자학을 정확하게 이해하고 있는가?'로 드러나기 때문이다.

이황은 우선 선한 본성性과 선한 정감四端의 관계에 주목한다. 하늘이 사람에게 준 선한 본성이 그대로 정감의 형태로 발현된 선한 정감을 통해 사람의 선한 행동을 확보하려 했던 것이다. 이런 까닭에 그는 선한 정감이 정감이라는 사실은 인정하면서도, 이치理인 본성性과의 관련성을 검증하는 데 치중한다. 이치의 적극적인 제어와 조절을 통해 형성된 정감이 바로 선한 정감이라는 입장은 여기에서 제시된다. 이황은 이러한 선한 정감의 활동을 일반 정감과 차별적으로 이해함으로써, 도덕 수양을 위해 집중해야 할 공부의 대상을 '본성에서 선한 정감'으로 이어지는 곳에 설정한다. 이로써 일반 정감(칠정)은 자연스럽게 제어와 통제의 대상이 된다.

이와 같은 입장은 일반 정감인 칠정에 대해 주자학 본래의 성격보다 더 부정적인 시각을 견지하는 것이다. 일반 정감을 바라보는 이황의 입장은 '선과 악을 모두 가지고 있다'는 것이다. 그런데 본성과 선한 정감을 따로 설정하고 있는 이황으로서는 일반 정감 속에 들어 있는 '악의 가능성'이 더 문제이다. 이 때문에 이황은 선한 정감을 '일반 정감 속에 포함되어 있는 선한 정감'으로 보는 것이 아니라, 악함의 가능성을 지닌 일반 정감과 대립되는 개념으로 본다. 그리하면 일반 정감은 자연스레 이치보다는 기와 관련성이 더 많은 것으로 설정된다. 선한 정감인 사단과 일반 정감인 칠정을 대립적 관계로 이해하고, 선한 정감은 이치로, 일반 정감은 기로 치환시키려 했던 이유이다.

하지만 그렇다고 해도 정감 그 자체는 이치와 기가 섞여 있는 것이므로 이처럼 선한 정감과 일반 정감을 구분하기란 어려울 수 있다. 기대승은 지속적으로 이 문제를 언급한다. 이렇게 되자 이황은 이치와 기의 관계 역시 대립적인 관계를 더 중심에 두고 해석한다. 선과 악이라는 구도에서 보면, 이치는 선함의 근거가 되고 기는 자연스럽게 악함의 가능성으로 설정된다. 그리하면서 이치와 기의 관계에 대해 원론적으로만 '서로 떨어져 있지도 않은 관계'를 인정할 뿐, '서로 섞여 있지 않은 상태'를 더욱 강조한다. 이치와 기는 층차가 다른 존재라는 데 초점을 맞춰 이해하는 것이다. 감정으로 드러난 이상 '서로 떨어져 있지 않은 관계'를 중심으로 해석해야 하는 주자학 일반론과도 차이가 있다.

그런데 이러한 이황의 의도는 주자학 이론 내에서 해결해야 할 문제를 만들어냈다. 선한 본성으로서의 이치가 선한 정감과 관계하고, 다양한 속성으로의 기가 일반 정감과 관계하기 위해서는 이치가 선택적으로 제어하고 조절하는 능력을 지녀야 한다. 다시 말해 이치도 능동적 속성을 가져야 한다는 말인데, 주자학 입장에서 능동적 속성은 기의 영역이다. 물론 태극이라는 변하지 않는 원칙에 의해 음양이라는 변화가 생성되는 것은 사실이지만, 그렇기 때문에 태극은 원리나 이치로서만 존재해야 하는 것이다. 그런데 이황은 이러한 원칙을 강하게 해석하여, 이치에 능동성이 없다면 기의 생성이나 변화가 불가능하다는 입장을 개진한다. 이치도 능동적인 속성을 가졌다고 주장한 이유이다. 이것은 선함의 능동성을 확보해서 그것을 중심으로 마음의 선함을 확보하려 했던 이황의 강한 신념이 들어 있는 대목으로, 여기에서 주자학과 다른 퇴계학의 특수성이 성립된다.

이렇게 보면 퇴계학은 이치와 기를 나누어 보는 것을 강조함으로써, 궁극적으로 주자학과는 다른 이치의 능동성까지 제시하는 지점에서 설정된다. 원리나 법칙으로서만 존재하는 이치가 아니라, 직접 정감을 제어해서 선하게 드러나는 것이다. 이는 이황이 기대승으로부터 지속적으로 비판을 받았던 대목이다. 그러면 이황은 기대승의 비판에도 불구하고 왜 이러한 입장을 견지할까? 그것은 선한 정감의 근거를 명시적으로 확보함으로써 그것을 지속시킬 만한 구체적인 공부의 방법을 확보하려 했기 때문이다.

이황이 보기에 선한 정감은 이치가 능동적으로 발현된 정감이다. 이것은 기에 의해 발현되는 일반 정감과는 차이가 있다. 그렇다면 선한 정감을 지속시키기 위한 공부 역시 사람이 가진 이치의 능동성과 그것으로부터 발현되는 선한 정감을 중심으로 해야 한다. 이치가 그대로 정감으로 발현될 수 있도록 개인적인 욕망이나 일반적인 정감이 끼어들지 못하게 하는 공부가 중심을 이루게 되는 것이다.

이것은 마음 그 자체에 대한 공부를 중시하고 경전을 읽는 것 또한 사욕이 일어나지 못하게 막는 구체적인 방법으로서 의미를 갖는다. 이황이 강조했던 경敬의 자세는 이처럼 본성이 그대로 선한 정감으로 발현될 수 있도록 본성의 상태를 유지시키는 공부이다. 즉 본성이 자발적으로 선한 정감이 되도록 그 밖의 정감을 철저하게 배제하는 공부로, 항상 깨어 있는 삶의 자세이나 본성 하나에 집중하는 공부 등이 구체적인 내용으로 형성된다. 정감으로 드러난 이후 그것이 각각의 상황에 맞도록 공부해야 한다고 주장하는 율곡학파와는 근본적인 차이가 있다.

기대승: 정감으로부터 선한 정감으로

기대승은 이황과 달리 주자학의 본래 성격과 특징에 주목한다. 그가 보기에 이황처럼 선한 정감을 이치에, 일반 정감을 기에 연결시키면, 주자학 본래의 이론으로부터 많은 모순점이 생겨나게 된다. 예컨대 이치에서 나오는 정감 따로, 기에서 나오는 정감 따로라면 당장 사람의 마음속에 두 개의 정감이 존재하게 된다. 또 선한 정감도 선함이고 일반 정감도 선함과 악함을 모두 가졌다면, 마음속에는 근원이 다른 두 개의 선함이 존재하는 것이다. 더불어 마음은 이치와 기의 합이라는 원칙에서 보면, 정감은 모두 기의 영역이다. 다시 말해 일반 정감도 본성에서 나온 것이며, 그러한 정감의 활동 가운데 선한 정감도 있고 그렇지 않은 정감도 있어야 한다. 따라서 이것을 각각 이치와 기에 분배시키는 것은 문제가 있을 수밖에 없다.

이와 같은 기대승의 입장은 주자학의 기본 관점을 철저하게 유지한 상태에서 선한 정감을 확보하려는 이론적 입장을 견지하고, 이를 통해 설명이 충분치 못했던 주자학의 이론 구조를 보충하려 했던 것이다. 이런 까닭에 기대승은 본성이 드러난 형태로서의 일반 정감에 관심을 둔다. 사람의 마음은 본성과 일반 정감의 결합이라는 사실을 강조하면서, 이 과정에서 일반 정감이 악함의 가능성으로 평가되는 것을 차단하려 한다. 일반 정감 역시 '본성'에 의해 발현된 정감이라는 주장은 여기에서 나온다.

마치 세계가 태극이라는 이치에 따라 음양이 운동하는 것처럼, 마음의 활동 역시 본성이라는 이치가 정감의 형태로 드러난다는 것이다. 이러한 이유에서 기대승은 이황이 '일반 정감에는 선도 있고 악도 있다'라고 말하면서 일반 정감을 악함의 가능성으로 설정한 것에 대해 비판하였고, 이황 역시 '일반 정감은 본래 선하지만 곧잘 악으로 흐른다'고 고치면서 일반 정감이 가진 근원적 선함은 인정한다. 사람의 본성은 일반 정감으로 드러나고, 그 가운데 공적 정감을 가리켜 선한 정감이라고 한다는 사실을 강조한 것이다.

그렇다면 선한 정감은 어떻게 형성될까? 기대승은 일반 정감인 칠정 속에 사람의 선한 정감(사단)이 들어 있다고 말한다. 다시 말해 사단이라는 선한 정감은 사람의 모든 정감 가운데 선한 부분만을 가리켜 말한 것일 뿐, 처음부터 선한 정감과 일반 정감이 다른 것은 아니라고 본다. 정감을 잘 다스려서 선한 정감으로 만들면 그것이 선한 정감이지, 태생부터 완전히 다른 두 종류의 정감이 사람 마음속에 있는 것은 아니라는 말이다. 일반 정감과 선한 정감을 대립적 관계로 보는 것이 아니라, 일반 정감 속에 선한 정감을 포함시켜 보는 것이다.

이러한 기대승의 입장은 이치와 기의 관계에 있어서도 이황과 근본적인 차이를 보인다. 사실 주자학 원론에 따르면 우리가 인식하고 느낄 수 있는 모든 것, 심지어 정감이나 사려, 사고와 같은 마음의 활동도 이치와 기의 결합이다. 어떤 경우도 이치 따로, 기 따로인 것은 없다. 따라서 정감이라는 형태로 드러난 마음의 활동 역시 이치와 기가 합해진 것이다. 일반 정감인 칠정을 바라보는 기대승의 입장은 여기에 근거한다. 비록 '이치와 기가 하나처럼 섞여 있지 않다'고 인정하지만, 그가 중시한 것은 이치와 기는 결코 떨어져 있지 않은 존재라는 점이다. 적어도 현실은 그러해야 한다.

특히 이러한 그의 입장에는 모든 사물이나 존재에 있어서 이치는 이치로서 존재할 뿐이고 기는 기로서의 역할을 한다는 생각이 강하게 배어 있다. 다시 말해 보편으로서의 이치는 특수의 영역에서 기능하는 순간 보편으로서의 의미를 잃어버린다. 물론 특수한 양태들의 공통성을 가지고 보편이라고 말하기는 하지만, 그렇기 때문에 보편은 모든 존재의 공통성이지 어떤 특수한 상태나 상황에 맞게 형성되어서는 안 된다. 이치理는 이치로서만 존재할 뿐, 그 자체가 운동하거나 능동성, 제어 등의 속성을 가져서는 안 된다. 그렇게 되면 주자학의 일반론에서 벗어나기 때문이다. 따라서 칠정이라는 일반 정감이 어떻게 발현되는지도 종국엔 마음이 가진 도덕적 판단 능력인 정감에 따르는 것이지, 도덕 본성이 그렇게 할 수는 없다고 생각했다.

결국 기대승이 보기에 '하늘의 이치'인 사람의 본성은 일반 정감으로 발현된다. 문제는 이러한 일반 정감이 저마다의 상황에 봉착했을 때 공적 정감으로 드러나야 한다는 것이다. 즉 동일한 정감이라 해도 슬퍼해야 할 때 슬퍼하고, 기뻐해야 할 때 기뻐할 수 있도록 정감을 제어하는 것이다. 이를 위해서 마음 그 자체에 집중하는 공부보다는 성현들이 어떻게 하셨는지를 읽고 그에 따라 행동하는 독서 공부나 이론 공부를 중시하는 경향으로 이행하게 된다. 선한 정감을 확보하고 유지시키기 위한 구체적인 방법으로 성현들의 삶이 기록된 경전을 공부함으로써 객관화된 정감이 될 수 있도록 했던 것이다. 더불어 정감 그 자체를 제어하여 선한 정감이 되도록 생각을 정성스럽게 하는 공부, 즉 성의誠意 공부를 강조하게 된다. 마음 공부에 치중하는 이황의 경 공부와는 차이가 있다.

사단칠정 자세히 읽기

선한 정감의 근원과 공부 대상의 차이

주자학은 선한 정감의 근거를 우주의 보편적 이치로까지 끌어올렸다. 단순하게 사람이 가진 특수성으로서의 선한 정감을 논의했던 맹자와 달리, 하늘의 이치가 사람에게 부여된 것이 정감의 형태로 드러나서 선한 정감이 되기 때문이다. 그러나 이러한 선한 정감의 문제는 본성으로부터 정감으로의 이행을 이치와 기의 결합이라는 주자학적인 이론 체계를 가지고 설명하는 데 그쳤다.

이 같은 문제는 세계와 우주의 존재에 대한 설명보다 사람의 선과 악을 중심으로 세계를 이해하려고 했던 조선의 주자학자들에게서는 해결되지 않은 점이 많았다. 선한 정감의 근거를 선한 본성에 두었을 경우 일반 정감의 근원을 잃을 수 있었고, 이 둘을 이치와 기로 각각 설정하고 나면 마음속에 각기 다른 두 종류의 정감이 있는 것으로 이해될 소지가 있었다. 이론화의 작업을 넘어 실제로 선한 정감을 현실에서 적용하고 그것을 보존하기 위한 공부론을 만들어내는 과정에서 생긴 문제였다.

따라서 사단칠정 논쟁은 선한 정감의 근거에 대한 명시적인 확정을 요구했던 이황과 일반 정감 그 자체가 본성으로 발현된 것으로 이해하여 그 속에서 선한 정감을 확보하려 했던 기대승의 입장이 부딪친 것으로 정리할 수 있다. 기대승이 이 같은 입장을 제기했던 것은 주자학의 일반론에 따라 마음과 정감을 규정했기 때문으로, 본성의 드러남으로 정감을 인정하고 그 속에서 선함을 찾아가는 작업을 진행하려 했던 것이다. '선함'을 중심으로 선한 정감을 이해함으로써 그 근거를 이치에 두었던 이황의 입장과, 정감이라는 관점을 가지고 선한 정감을 이해함으로써 정감으로부터 선한 정감을 만들어내야 한다고 보았던 기대승의 입장 차가 생긴 이유이다.

이러한 입장 차이는 선한 정감을 유지시키기 위한 구체적인 공부의 대상과 방법에서 차이를 보인다. 이것은 성인됨을 향해 나아가는 데 있어서 각기 다른 시각 차이로 드러났으며, 궁극적으로 학파로의 전승과 발전을 통해 각기 다른 입장이 고착화되었다. 특히 조선은 주자학에 대한 소양을 테스트해서 관리를 뽑으면서, 학파적 입장은 정치적 입장으로까지 발전하였고, 이것은 기호와 영남이라는 거대한 학단이자 정치세력을 만들어내는 빌미가 되었다.

5. 논쟁의 계승과 전개
– 조선 주자학의 학파 분리

　　'나는 수영을 배운다'는 말은 무슨 의미일까? 수영하는 방법을 이론적으로 배우고, 유명한 수영 선수들의 영법을 구분할 수 있도록 배우며, 수영에서 팔과 다리의 역할이 어떠한 것인지를 배웠다고 해서 '수영을 배운다'고 말할 수 있을까? 이론 공부 10년을 해도 물속에서 50미터라도 헤엄칠 수 있도록 훈련되지 않았다면 수영을 배운다고 말할 수 없다. 기타를 배운다거나 자전거 타는 법을 배운다는 것도 마찬가지이다. 이론은 무언가를 실행할 수 있기 위한 방법을 배우는 과정이지, 그 자체가 목적이 될 수는 없는 것들이 대단히 많다.

　　이러한 것은 유학의 오랜 생각이다. 머리로 알고 있고 행동하지 않는 것은 의미가 없다. 어떻게 행동하는 것이 옳은지, 그리고 이를 위해서 어떻게 수양해야 하는지를 다루는 이유이다. 우리는 흔히 기타를 잘 치는 경지에 대해서는 기타를 조금만 다뤄보면 알 수 있다. 하지만 그렇게 잘 칠 수 있도록 배우는 과정에서는 흔히 '그렇게 하면 안 돼'라는 말을 많이 듣는다.

'그 방법은 틀렸어' '너의 그 습관을 고쳐야 해' '누구에게 배워서 그렇게 이상한 버릇이 생겼니?'라는 질책은 좋은 선생님을 만났을 때 끊임없이 듣는 말이다. 기타를 잘 치는 상태가 어떠한 것인지를 배우는 것보다 더 중요한 것은 어떻게 그러한 상태에 이를 수 있는지를 배우는 것이다.

성인이 되기 위한 유학도 이와 유사한 성격을 갖는다. '마음만 닦는다고 성인이 될까?'라고 반박하면, 어떤 사람은 '그러면 경전만 읽는다고 성인이 될까? 행동하지 않으면서……'라고 말한다. 어디에서부터 어떻게 공부해야 할지를 정하는 것은 유학에서 굉장히 중요한 문제이기 때문이다. 유학의 이론 구조는 구체적인 수양을 위한 보조적 도구이고, 중요한 것은 매일 매일 수양하고 그에 따라 행동하는 것이라고 생각했다. 성인이 되기 위한 방법을 둘러싼 이견이 그대로 이론 자체의 이견일 수 있는 이유이다.

이황과 기대승의 입장은 수양을 해야 할 곳과 수양의 방법을 논하는 데서 차이를 보인다. 선한 본성을 확충시켜 선한 정감이 되도록 하면서 일반 정감의 접근을 철저하게 막는 공부는 마음 그 자체에 집중하는 공부로 이어진다. 경敬 공부는 자신이 품부받은 본성에 주목하면서, 그것이 사적 정감에 의해 방해받지 않도록 자기의 일반 정감을 제어하는 공부이다. 책을 보는 것은 부수적이며, 마음 수양과 행동을 직접적으로 강조하게 되는 이유이다.

이에 비해 정감을 선한 정감으로 만들기 위해 정감을 제어해야 한다고 생각하는 기대승의 입장은 선한 상태에 대한 기준을 마련하기 위해 경전 공부를 권하는 양상을 띤다. 정감이 가진 이중성을 놓고 성현께서 어떻게 하셨는지를 떠올리면서 그에 따라 자신의 사욕과 상관없이 공적 정감을 만들어내는 것이다. 뜻을 정성스럽게 하는 공부인 성誠 공부는 바로 자신의 생각을 경전이나 시비지심 등을 통해 점검하여, 그것이 옳게 드러났는지 그렇지 않은지를 살피는 것이다.

이러한 공부의 차이는 상대의 공부 방법에 대한 불신을 수반하게 되고, 자연스럽게 그 이론을 중심으로 단위 학파가 형성될 수밖에 없다. 더욱이 이러한 공부가 과거 과목으로 채택되었던 당시로서는 자연스럽게 학파가 정치적 집단으로 옮겨가게 되고, 이것은 학파끼리 더욱 단결하게 만드는 결과를 낳았다. 이러한 점에서 선한 정감과 일반 정감의 관계에 대한 문제는 조선의 두 거대 학파를 형성케 하는 근거가 되었고, 이것은 동시에 두 개의 거대한 정치 집단을 만들어냈다. 따라서 이번 장에서는 사단칠정 논쟁이 연결되고 발전되어가는 단계를 간단하게 살펴보면서, 이황과 기대승이후의 조선 학계와 정치계를 움직이는 이론들의 전개 양상을 들여다보기로 한다.

이황의 후예: 퇴계학파의 형성과 이치를 중심으로 한 철학

안동을 중심으로 한 영남 지역은 이황의 철학을 계승·발전시키면서 이른바 퇴계학파를 형성한다. 앞서 보았던 것처럼 주자학과 차별적인 면모로서의 퇴계학은 다음과 같은 세 가지 특징으로 요약된다. 하나는 선한 정감과 일반 정감을 선함과 선하지 않음이라는 구도로서 대립적으로 해석하고, 이것은 둘째 이치와 기의 관계 역시 대립적 구도로 설정하면서 '이치와 기는 섞이지 않는다'는 사실을 강조하며, 여기에 따라 셋째, 이치가 기를 적극적으로 제어하고 통제하는 능동성을 가진 존재로 이해한다. 이치가 직접 정감의 형태로 드러나는 과정에서 필요에 의해 기를 제어하고 통솔할 수 있도록 했던 것이다.

퇴계학파는 이와 같은 이황의 특징을 그대로 유지하면서 그 속에서 다양한 이론적 변이를 겪는다. 물론 이러한 특징이 좀더 강하게 강조되기도 하고, 비교적 적게 드러나기도 하지만, 기본적으로는 맥을 같이한다. 특히 초기에 퇴계학파라는 학파적 의식을 견지하며 율곡학파와 논쟁했던 이현일葛庵 李玄逸(1627~1704)은 이러한 특징을 더욱 부각시켜가는 모습을 보인다. 이현일과 그의 뒤를 잇는 권상일淸臺 權相一(1679~1759)은 이황과 기대승 사이의 차별적 특징에 주목하면서 퇴계학의 특징을 더욱 두드러지게 하는 데 초점을 맞춘다.

이들은 이황이 기대승과 논쟁을 처음 시작할 때의 입장을 고수하여 선한 정감과 일반 정감을 철저하게 대립적으로 파악한다. 선한 정감은 이치가 중심이 되어 드러난 것으로, 일반 정감은 기가 중심이 되어 드러난 정감으로 보면서 이를 위한 더욱 강한 이론적 토대들을 마련했던 것이다. 구체적인 차별성을 확보하는 동시에 이치와 기의 관계를 철저하게 대립적 관계로 설정했던 것이다. 물과 물그릇으로 이치와 기의 관계를 비유하는 이들의 기본 입장은 '결코 섞일 수 없다'는 것이었다.

이러한 입장은 퇴계학의 가장 중요한 특징인 '이치의 능동성'을 극단으로 해석하는 모습으로 드러난다. 이치의 독립적 활동 영역을 인정하는 것이다. 물론 원론적으로 이치와 기의 결합을 통한 움직임을 인정하지만, 이치의 주도 하에 기는 이치의 명령을 수행하는 정도로 그 의미가 좁아진다.

이러한 입장은 당시 율곡학파의 인물들로부터 '각발各發', 즉 이치는 이치대로 정감으로 드러나고 기는 기대로 이치와 관계없이 정감으로 드러난다고 비판받았다. 선과 악의 명확한 구분을 극단적으로 밀고 간 결과이다.

이현일과 권상일의 이러한 입장은 퇴계학 내에서도 이치와 기를 너무 갈라 본다는 비판을 받을 정도였다. 이 때문에 이현일을 이어서 퇴계학 수호의 사명을 받았던 이상정大山 李象靖(1710~1781)은 이현일에 대한 비판적 입장까지 받아들여야 했다. 이러한 상황에서 그는 이황이 기대승과 벌였던 논쟁 말미의 후기 입장을 채택하여, '주자학'으로 회귀 가능한 범주에서 퇴계학의 특성을 유지시키게 된다. 여기에서 가장 중요한 입장은 바로 이치와 기가 함께 정감으로 드러난다는 '호발互發'이다. 이치가 주도적이더라도 거기에는 반드시 기가 따르게 되어 있고, 기가 주도적이더라도 거기에는 이치가 타고 있다는 이황의 최종 입장을 받아들인 것이다.

그러나 이상정은 여전히 이치의 능동성을 인정하고 있다. 이치가 능동성을 상실한 죽은 존재가 아니라, 살아 있는 존재임을 밝힘으로써 그 스스로 퇴계학의 수호자임을 드러냈던 것이다. 선한 정감을 이치에서 바로 확보하려는 기본 입장이 여전히 계승되고 있으며, 이러한 그의 입장은 경敬을 중심으로 한 이황의 공부 방법론까지 그대로 수용한다.

이상정의 학문은 19세기 정재학파와 한주학파로까지 이어지면서 퇴계학의 다양한 프리즘의 꼭짓점으로서 역할한다. 특히 정재학파가 이상정이 주장했던 이치와 기가 함께 움직인다는 기본 입장을 중심으로 발전한다면, 한주학파는 '이치가 살아 있는 존재'라는 사실을 적극적으로 해석하여 마음의 활동 전체를 이치에 의한 것으로 이해하는 경향까지 드러낸다.

이황의 선한 정감에 대한 입장을 적극적으로 해석하기도 하고, 주자학 내에서 가능한 이황의 입장에 근접하여 해석하기도 하지만, 이를 통해 그들은 선한 정감의 근거를 이치로부터 바로 확보해내려는 노력을 지속적으로 유지하면서 퇴계학을 발전시키고 만들어갔던 것이다.

기대승의 후예: 율곡학파의 형성과 정감 중시의 철학

선한 정감에 대한 기대승의 입장 역시 논쟁 끝까지 견지된다. 이러한 그의 입장은 이황과 더불어 조선 최고의 유학자 가운데 한 명으로 평가되는 이이栗谷 李珥(1536~1584)에게 그대로 전해지고, 이것은 이후 선한 정감에 대한 율곡학파의 입장으로 뿌리내린다. 선한 정감 찾기라는 측면에서 보면 율곡학파의 탄생은 기대승의 입장에 기인한 것이며, 실제 이것은 주자학에 대한 정확한 이해에 근거한다고 볼 수 있다.

이이는 이황의 입장을 지지하고 있었던 성혼牛溪 成渾(1535~1598)과의 논쟁에서 기대승의 입장을 견지하면서 성혼을 반박한다. 특히 이이는 일반 정감이 선한 정감을 포함하고 있는 관계임을 적시하면서, 이 둘을 대구시킬 수 없다고 말한다. 이것은 마음속에 정감이 두 개일 수 없다는 기대승의 입장을 받아들인 것으로, 선한 정감이란 일반 정감 가운데 선한 것만을 가리켰다는 입장을 지지한다.

이러한 가운데 이이는 일반 정감인 즐거움喜이나 슬픔哀, 사랑愛, 욕구欲는 인함의 단서라고 하여 선한 정감인 다른 사람을 측은하게 여기는 마음惻隱之心과 동일한 것으로 취급한다. 즉 측은지심이 실제로는 즐거움이나 슬픔, 사랑, 욕구와 같은 형태로 드러난다는 말이다. 일반 정감과 선한 정감을 근원부터 나누어 보고 있는 퇴계학의 기본 입장에 대한 강한 반발이다.

이이는 또한 이치와 기의 관계에 대해서도 근본적으로 '나누어지지 않았다'는 사실을 강조한다. 이치가 기를 주재하고 기는 그러한 이치를 싣고 운행하는 존재임은 부정하지 않는다. 이것 역시 주자학에서 그렇게 규정하기 때문이다. 그렇지만 그와 동시에 이치는 기가 아니면 자신을 싣고 운행할 수 있는 것이 없고, 기는 이치가 아니면 어떠한 기준에 따라 운행할 수 있는 방법이 없다. 다시 말하면 각각의 속성이 분명하기 때문에 드러난 모든 사물이나 현상, 정감의 활동은 이치와 기가 '떨어져 있지 않은 상태'라는 말이다.

이치가 그 자체로 능동성을 가지거나 적극적 의미에서 운동성을 가진다고 말할 수 없는 이유가 여기에 있다. 기가 이치를 싣고 있는 상태를 상정해야 하는 이유이다. 이러한 까닭에서 이이는 '운동성'을 철저하게 기의 속성에 포함되는 것으로 설정한다. 흔히 '기가 움직이고 리는 그것을 타는 단 하나의 길'로만 모든 정감을 설명하는 이이의 기발리승일도氣發理乘一途이다. 움직이고 활동하는 능동성의 영역은 그것이 비록 이치의 제어를 받는 한이 있더라도 기의 영역인 것이다. 이후 기호학파가 기를 중시한다主氣는 비판을 받게 되는 가장 중요한 빌미는 바로 여기서 제공된다.

이이의 기본 입장은 송시열尤庵 宋時烈(1607~1689)이나 한원진南唐 韓元震(1682~1751) 등의 인물에게 전해지면서 기호학파의 일반 입장으로 자리 잡는다. 선한 정감은 일반 정감의 선한 부분이라는 사실, 그리고 이치와 기는 서로 섞이지 않는 것도 사실이지만, 정감의 영역에서는 '서로 떨어져 있지 않다'는 사실에 주목한다는 점, 그리고 운동의 영역은 철저하게 기에 포함시킴으로써 마음이나 정감을 기의 영역에서 파악한다는 점 등이 그대로 전해지고 있는 것이다.

이렇게 되면서 송시열이나 한원진 같은 인물은 특히 선한 정감의 형태가 일반 정감과 다르지 않다는 사실을 지속적으로 논증한다. 즉 타인에 대해 측은하게 여기는 정감은 사랑愛이나 슬픔哀과 같은 일반 정감의 형태를 띤다는 것이다. 결국 사랑이나 슬픔과 같은 정감이 타인을 대상으로 할 때 그것이 선한 정감 가운데 하나인 타인을 측은하게 여기는 정감이지, 별도의 선한 정감이 존재하는 것은 아니다. 이러한 생각들은 특히 송시열이나 한원진에 이르러 더욱 강하게 해석되면서 퇴계학을 비판하는 입장으로 정립된다.

이러한 그들의 입장은 궁극적으로 각기 공부 대상과 방법에 있어서 퇴계학파와 질적인 차별성을 보인다. 그들은 드러난 정감을 선한 정감으로 만들어내기 위한 공부에 치중하면서, 본성을 대상으로 한 공부가 허구의 영역일 수 있음을 지적한다. 이미 선한 본성이고, 그것이 정감으로 드러나므로, 그 자체를 대상으로 한다는 것은 의미가 없다는 것이다. 따라서 드러난 정감이 그 정감을 드러나게 했던 상황 속에서 도덕적으로 맞는지 그렇지 않은지를 판단하고, 그것을 중심으로 도덕적인 정감으로 만들어가는 과정을 중시하는 것이다. 이러한 모습은 경전에 대한 공부와 그것을 기준으로 자기 생각을 굳혀나가는 과정의 공부로 드러나며, 이를 통해 현실적으로 공유 가능한 선한 정감을 만들고자 했다.

6. 현대적 계승-정감 윤리의 정초

지금까지 우리는 선한 정감을 통해 성인됨에 이르려고 했던 유학자들의 노력과, 그것들을 중심으로 다루어졌던 논쟁 속으로 들어가보았다. 사실 선한 정감과 일반 정감의 관계를 중심으로 이치와 기의 관계 및 그 속성에 대해 다른 입장을 보였던 사단칠정 논쟁은 그야말로 성리학 내부의 논쟁이다. 사단칠정 논쟁의 정확한 의미와 입장 차를 이해하는 과정이 한국 철학의 전문가가 되는 과정이나 다름없을 만큼 쉽지 않은 이유이다. 만약 이 세부 내용을 정확하게 이해했다면, 성리학 이론과 관련해서 상당한 전문가의 반열에 올라섰음을 뜻한다.

이 때문에 현대인들에게 이 논쟁이 어떠한 의미를 지닐까라는 물음을 이 책을 쓰는 필자 역시 끊임없이 되묻고 있다. 특히 우주의 구성 원리와 세계에 대한 이해를 이미 '이치와 기의 결합'으로 보는 유사과학에서 벗어난 현대인들에게 선한 정감의 근거를 이치에서 확보하려 했던 이황이나 기의 활동이라는 측면에서 바라보려 했던 기대승의 입장이 어떠한 의미를 지닐지는 여전히 고민되는 부분이다.

그러나 공자나 맹자로부터 이상정이나 한원진에 이르기까지, 선한 정감을 통해 확보하려 했던 도덕적 인간과 이상적 사회에 대한 내용은 지금도 여전히 유효한 의미를 갖는다고 할 수 있다. 2500여 년의 유교 역사를 통해 드러난 이들의 고민은 사람이 어떻게 선한 생각을 하고, 그것에 따라 어떻게 선한 행동을 하는지에 관한 것이다. 이것을 통해 이들은 궁극적으로 자기 자신 속에 선한 정감을 확보하고, 모두가 도덕적인 행동을 하는 선한 사회를 꿈꾸었다.

도덕적 행동에 대한 요청은 이수현의 사례에서 보았듯이, 우리 사회의 기대치가 폭발적으로 꿈틀대고 있으며, 이러한 삶을 통해 구현하려는 도덕적인 사회에 대한 이상 역시 유효하게 작동하고 있다. 이러한 점에서 지금까지 살펴보았던 선한 정감에 대한 논의를 간략히 정리하고, 이를 기반으로 그것이 지니는 현대적 의미를 살펴보자.

선한 정감 확보의 역사

유학의 오래된 고민은 지행합일知行合一이다. 앎과 행동이 일치되지 않았다면, 다시 말해 앎이 행동을 통해 드러나지 않았다면 이것은 안다고 할 수 없다. 이러한 생각으로 인해 행동을 직접적으로 조절하는 정감을 공부의 대상으로 삼았으며, 정감이 지닌 양면성에 대해 유학이라는 학문이 생겨난 초기부터 관심을 가졌다. 일반 정감이 가진 선과 악의 이중적 요소에 대해 맹자는 선함의 가능성에 주목하여 사람이 가진 공적 정감의 발현을 강하게 논증하였으며, 『예기』의 영향을 받은 순자는 악함의 가능성에 주목하여 사적 정감을 제어하고 예에 따른 강제화된 행동을 강조하였다. 정감의 윤리에 대한 오래된 고민은 이렇게 시작되었다.

맹자와 순자의 입장까지 모두 집대성한 주자학은 맹자의 입장을 중심 철학으로 받아들이면서도, 현실적인 악의 가능성에 대해서는 순자의 입장을 부분적으로 받아들였다. 특히 보편적 이치에 대한 설정을 통해 보편 철학의 면모를 보인 주자학은 사람이 가진 선한 정감의 근거를 하늘의 이치에 두는 이론적 장치를 만들어낸다. 사람을 사람답게 하는 사람의 본성을 하늘이 사람에게 준 이치로 설정하고, 그 구체적인 내용을 도덕 덕목으로 이해했던 것이다. 선한 정감은 이러한 본성이 정감의 형태로 드러남으로써 이루어진다. 선한 정감에 대한 근거가 우주의 원리로부터 설정되면서 정감에 대한 보편적인 접근이 가능하게 되었다. 즉 정감을 중심으로 한 이론화의 가능성을 열었던 것이다. 그러면서 동시에 사람의 사적 정감이 지닌 위험성을 견지하면서 그것을 기氣의 속성으로 부여하는 철학적 장치를 설정하는데, 이것은 예를 중시했던 순자의 영향에서 비롯된 것이다.

이황과 기대승 사이의 논쟁은 바로 이와 같은 주자학의 이중적 성격에 기인한다. 사람의 본성과 선한 정감을 인정하면서 동시에 사람이 가진 악함의 가능성을 기에 설정하고 있는 주자학의 기본 입장은 선한 정감을 확보하기 위해 구체적인 공부 방법을 설정하려 했던 조선의 주자학자들로 하여금 어려움에 봉착하게 했다. 선한 본성으로부터 선한 정감으로의 외길을 대상으로 할 것인지, 아니면 기 속에 있는 악함의 가능성을 제거하기 위한 공부를 대상으로 해야 할지가 구체적인 고민으로 드러났던 것이다.

이황은 기가 지닌 악함의 가능성에 주목하여 선한 정감만을 본성으로부터 발현된 것으로 이해하였다. 일반 정감은 기의 주도적인 역할에 의해 발현된 것으로 보면서, 이것은 선한 정감과 일반 정감을 선과 악이라는 대립적 구도에서 이해하게 했다. 이에 비해 기대승은 본성이 그대로 일반 정감으로 드러나고, 그 가운데 선한 것이 바로 선한 정감이라는 입장을 지지한다. 이렇게 되면서 일반 정감을 어떻게 선하게 만들 것인지에 대해 주목했다. 사적 정감을 철저하게 제거하고 사람의 본성에 주목하는 공부론을 제기한 이황의 경敬 공부와 정감으로 발현된 사람의 뜻意을 도덕에 맞게 발현시킬 수 있도록 공부해야 한다고 생각했던 기대승과 이이의 성誠 공부는 이러한 관점에서 각기 다르게 제기된 것이다. 이러한 두 사람의 입장은 이후 퇴계학파와 율곡학파의 극단적인 입장으로 자리 잡으면서, 각기 다른 방식에서 선한 정감을 확보하려고 했다.

퇴계와 고봉의 논쟁이 갖는 현대적 의미

선한 정감과 일반 정감을 형이상학 이론인 이치와 기로 치환시키는 과정에서 이 문제 자체는 선한 정감 찾기의 본래 목적에서 벗어난 측면도 있다. 그러나 유학은 지속적으로 선한 정감의 근거와 그것의 현실화 가능성을 고민하면서 행동을 통해 완성되는 윤리의 가능성을 타진해왔다. 이러한 관점에서 지금까지 지속되었던 선한 정감의 근거 찾기가 지닌 현대적 의미들을 정리해보면 다음과 같다.

첫째, 정감 윤리를 통해 이론 윤리학에서 행동 윤리학으로의 이행 가능

사단칠정 자세히 읽기

성이다. 이 책의 첫부분에서 제시했던 것처럼 윤리학의 완성이 도덕적 행동을 통해 이루어져야 한다는 것에 동의한다면, 사람의 선한 정감은 즉각적인 선한 행동의 근거가 된다. 따라서 사람들이 지속적으로 선한 정감을 가질 수 있도록 구체적인 이론과 방법론을 만들어낼 수 있다면, 이론 영역에서만 머물고 있는 윤리학의 속성을 행위 영역으로까지 끌고 갈 수 있다. 개인의 정감을 중시하는 현대적 가치 속에서 '정감을 중심으로 한 윤리'를 만들어낸다는 것은 전통과 현대 철학의 접점을 찾는 작업이면서 동시에 새로운 윤리 이론을 찾아가는 길이기도 하다.

특히 선한 정감의 확보를 가장 중요한 목적으로 여겼던 조선의 성리설은 정치와 사회 및 문화 영역에까지 영향을 미치면서, 당시 세계 여타 사회들에 비해 비교적 도덕 수준이 높은 사회를 이루는 데 성공했다. 즉 성공의 경험치를 가지고 있다는 의미이다. 따라서 그러한 성공의 경험들이 어떠한 이론과 방법을 통해 가능했는지를 살펴보면, 이황과 기대승의 오랜 고민이 우리의 삶 속에서 싹을 틔울 수도 있다.

둘째, 정감 넘치는 따뜻한 사회의 이상에 대한 이론적 가능성의 모색이다. 유학은 사람의 관계와 사회의 구성 원리를 '따뜻한 정감'에 두었다. 공적 정감은 합리성에 따른 판단이 아니라 서로 정을 주고받으면서 느껴지는 정감이다. 이러한 정감은 이성적이고 합리적인 기계적 관계 방식에서 벗어나, 사람 냄새 나는 정감 어린 사회의 근거가 된다. 유학의 공적 정감은 정감이 지닌 긍정적인 특징에 초점을 맞춘 것으로, 이것을 중심으로 한 새로운 관계 방식을 규정함으로써 정감이 넘치면서도 질서 잡힌 사회의 가능성을 찾을 수 있다. 이것은 기계적이고 차가운 합리성에 매몰되어 있는 현대 사회를 정감 넘치는 새로운 사회로 만들어가는 길이라는 점에서 중요한 의미를 지닌다.

셋째, 합리적 정감의 확보 가능성이다. 우리의 사고는 항상 이성과 정감을 대립적 구도로 이해하는 데 익숙해져 있다. '제멋대로 행동'의 주범은 정감이었으며, 이는 '기분대로 사는 사람'에 대해서 늘 부정적이었던 이유이다. 하지만 정감이 아니면 사람이 누릴 따뜻하고 행복한 세상은 요원하다. 이러한 측면에서 부정적 정감에 대한 제거와 우리 모두가 받아들일 수 있다는 의미에서의 합리성을 가진 정감의 확보는 굉장히 중요하다. 따라서 유학자들이 지속적으로 노력해왔던 방법들을 다시 현대와 소통하는 방식으로 만들어낼 수 있다면, 합리적 정감을 통해 따뜻한 세상의 구현을 이뤄낼 수 있을 것이다.

넷째, 현대화된 한국 철학의 가능성이다. 사실 이황이나 기대승 이후 한국 철학의 역사는 선한 정감의 확보에 대한 것이었다. 하지만 현재 우리 사회에서 이러한 이론적 결과물들은 거의 사라졌고, 칸트만큼이나 퇴계가 멀게 느껴지는 시점에 우리는 서 있다. 서양 윤리학의 틀 속에서만 제한적으로 '한국 철학'이 논의되거나 혹은 이황이나 기대승이 만든 결과물에 대해 유사 윤리학 정도로 치부되는 결과를 낳기도 했다. 이 때문에 조선의 의병운동이나 1970~80년대 한국 사회만이 보여주었던 민주화 운동과 같은 행동력에 대해서도 특이한 양상으로 취급될 뿐 윤리학의 영역 내에서 제대로 조명되지 못했다. 하지만 정감을 중심으로 한 그들의 윤리는 강한 행동력을 불사하게 했고, 이것은 여전히 우리 사회를 분석할 수 있는 틀이기도 하다. 따라서 이러한 점들을 중심으로 우리의 현대적 이성에도 설득

사단칠정 자세히 읽기

가능한 새로운 한국 철학의 가능성을 열 수 있다.

물론 이러한 가능성은 기존 유학의 방식을 그대로 가져옴으로써 이뤄질 수 있는 것은 결코 아니다. 유학의 오랜 이론화 과정을 찾아보고 그것을 통해 얻어낸 결론을 살펴보는 것은 우리 사회에 대한 적용 가능성을 도출하기 위함이지 그 자체로 답을 얻기 위한 것은 아니다. 이미 조선시대와 현대 사회는 사회 기반 자체가 다르므로, 그에 대한 세밀한 분석 없이는 지나가버린 이론을 다시 적용하려는 우를 범할 수 있다. 다만 그들이 그 시대를 둘러싸고 고민했던 방법과 그를 통해 추구했던 인문적인 정신은 지금도 여전히 중요한 의미를 갖는다.

凹立端

七小情

01
단계
일반 정감과 정감 윤리의 출발

단계 설명	⊙ 정감에 대한 논의의 시작과 일반 정감(칠정)의 등장
의미	⊙ 올바른 행동 양식의 설정을 위해 정감에 대한 제어와 조절의 필요성 제기
원문 대상	⊙ 『예기禮記』 『중용中庸』

정감의 발견과 제어의 대상으로서의 칠정

일반 정감인 칠정七情에 대한 최초의 논의는 『예기禮記』에 등장한다. 『예기』는 사람이 예에 따른 행동을 지속할 수 있는 요건으로 강제화된 행동 강령보다 진정성을 지닌 마음의 상태를 중시했다. 인함이라는 도덕 덕목을 통해 예에 맞는 행동을 담보하려고 했던 공자의 입장이 투영되어 있는 것이다. 하지만 이러한 진정성을 담보하기 위한 중요 조건인 사람의 정감에는 선과 악의 두 가지 가능성이 모두 잠재해 있다. 공적 정감인 경우 예에 맞는 행동의 진정성을 담보하지만, 사적 정감인 경우는 올바른 행동을 방해하는 요소이기도 하기 때문이다. 정감에 대한 가능성도 발견했지만, 동시에 그것이 지닌 위험성도 함께 보고 있는 것이다.

【예기 1】 원문 1

무엇을 사람의 정감이라고 하는가? 기쁨喜·성냄怒·슬픔哀·두려움懼·사랑愛·미움惡·욕구慾, 이 일곱 가지 정감은 태어나서 배우지 않아도 누구나 특정 상황에 처하면 저절로 드러난다. 무엇을 사람이 행해야 할 의로움이라고 말하는가? 부모의 자식에 대한 자애로움慈, 자식의 부모에 대한 효孝, 형으로서 동생을 대하는 넓은 마음良, 동생으로서 형을 공경하는 마음弟, 남편으로서 아내를 대할 때 갖는 의로움義, 아내로서 남편을 따르는 마음聽, 어른으로서 베풀어야 할 은혜로움惠, 어린아이가 어른에게 순종하는 마음順, 임금이 가져야 할 인자함仁, 신하의 임금에 대한 충성스러운 마음忠 등과 같은 열 가지를 사람으로서 행해야 할 의로움이라고 한다. 서로 믿음信을 나누고 화목할 수 있도록 자신을 닦아가는 것을 사람에게 이로운 것人利이라 말하고, 싸워서 뺏고 서로 죽이는 것을 사람의 병폐人患라고 말한다. 그러므로 성인이 일곱 가지 정감七情을 잘 조절하고, 사람이 행해야 할 열 가지 의로운 마음十義을 가지도록 수양하며, 믿음을 나누고 화목할 수 있도록 자신을 닦고, 사양하는 마음을 높이며, 싸워서 빼앗는 행위가 없어지도록 하기 위해서는 예禮라는 방법을 버려두고 무엇을 가지고 하겠는가?

『예기禮記』「예운禮運」

『예기』는 사람과 사람 사이의 올바른 관계 맺기를 규정한 책이다. 『예기』의 저자는 아버지와 자식, 임금과 신하, 어른과 아이, 남편과 아내가 어떻게 관계를 맺어야 올바른지에 대해 규정하려 했다. 군에 갓 입대한 이등병이 선임병을 만났을 때 어떻게 인사해야 하고, 소대장을 만났을 때 어떻게 대해야 하며, 대대장을 만나 경례할 때에는 소대장에게 붙이지 않았던 '화이팅'을 할 것인지 말 것인지를 규정하는 것과 같다.

그런데 우리 모두가 느끼는 것처럼 특정 행동에 대한 강제화는 '형식'만 몸에 익히게 할 뿐, 그 행동에 대한 진정성을 담보하지는 않는다. 상대방을 대하는 올바른 행위는 마음에서 우러나오는 진정성에 따르는 것이다. 상사의 명령에 대한 복종은 그것을 따르지 않았을 때 입을 불이익 때문이 아니라 상사에 대한 믿음과 그 일에 대한 사랑에서 나오며, 아무리 잠이 와도 출근하시는 아버지에게 인사하는 것은 아버지에 대한 사랑의 마음에서 나오는 것이어야 한다. 이렇게 되어야 그 행동들에 대해 나 자신이 행복하고 그 행동을 보는 사람도 즐거워진다. 정감을 논의하면서 사람들과의 관계에서 발현되어야 할 올바른 정감을 10가지 의로운 마음으로 표현하고 있는 이유이다.

이를 위해 『예기』의 저자가 중시하는 것은 정감이다. 사람의 10가지 의로움과 대비되는 개념인 일반 정감七情은 '선천적인 특징'을 가진다. 누구나 태어나면서부터 가지고 있으며, 따라서 이것을 제외한 채 도덕적 논의를 하는 것은 불가능하다. 이 때문에 『예기』의 저자는 선천적인 일반 정감을 잘 조절하여 10가지 의로움이 될 수 있도록 하는 것이 중요하다고 말한다. 사람과의 관계에서 발생하는 공적 정감을 10가지로 분류한 것이 10가지 의로운 마음으로, 일반 정감을 조절해서 도달할 수 있는 선한 정감이다. 다투고 싸워서 뺏는 행동이 개인적 욕구에 따른 것이라면, 정감은 철저하게 제어와 조절의 대상이 되는 것이다. 『예기』에서 일반 정감은 이처럼 '선천적'이어서 반드시 고려해야 할 사안이면서, 동시에 조절과 제어가 필요한 대상으로 설정되고 있다.

정감의 본질적 성격과 조절된 정감

정감은 주로 어떠한 상황과 맞닥뜨렸을 때 일어나는 심리 현상이다. 며칠째 비가 내리는 상황이 우울한 정감을 만들고, 이유 없이 인신공격을 받는 상황이 분노를 낳으며, 네 살짜리 딸아이의 웃음 때문에 최고의 행복감을 느낀다. 따라서 사람의 마음은 특정 상황을 마주하지 않을 경우, 특별한 정감을 드러내지 않는다. 정감은 특정 상황과 연관되어 있으며, 그 상황 속에서 어떠한 정감을 드러내는가에 따라 그 사람에 대한 도덕적 판단이 달라지는 것이다. 그렇다면 이러한 정감 고유의 성격은 어떠할까?

기쁨喜·성냄怒·슬픔哀·즐거움樂과 같은 정감으로 드러나지 않은 상태를 중中이라 하고, 기쁨·성냄·슬픔·즐거움과 같은 정감이 각각의 상황에서 도덕적 범주에 딱 맞게 표출되는 것을 화和라고 한다. 중은 천하를 움직이는 큰 근본이고 화는 천하에 통용되는 공통된 도리이다. 중의 상태에 근거하여 각각의 상황에서 도덕적 범주에 딱 맞는 화의 상태를 지속적으로 유지할 수 있게 되면, 세계가 올바르게 운행되고 온갖 만물도 때에 맞게 자라게 된다.

『중용中庸』1장

일반적으로 정감을 조절하는 뇌 기능은 특별한 상황이 닥쳤을 때 활동한다. 따라서 특별한 일을 마주치지 않는다면 정감 역시 일어나지 않는다. 그러나 사람은 현실적으로 항상 특별한 상황과 마주하기 때문에 늘 정감의 영향 속에서 살아간다. 이 때문에 마음에서 정감이 활동하지 않는 경우를 상정하기는 쉽지 않고, 스스로 체험하기란 더더욱 불가능하다. 그러므로 여기에서 '정감으로 드러나지 않은 상태'라는 말은 특정 상태라기보다 정감의 본질적 성격에 대한 유학의 규정으로 이해할 수 있다.

『중용』의 저자는 이러한 상황에 대해 '고요함'이라는 말로 규정한다. 이 상태는 외부 상황과 맞닥뜨려서 선한 정감이 발현될 수 있는 기준이다. 사람이 하늘로부터 부여받은 본래의 마음 상태로 '사람의 본질적 성격'을 그대로 가진 상태이기 때문이다. 마치 흰 도화지에 아무런 그림을 그리지 않은 것과 같다고 말할 수 있다. 『중용』의 저자는 이러한 상태를 '중中'으로 규정한다.

그렇다면 중中은 어떠한 상태일까? 우리가 이 책 이름이 『중용』이라는 사실을 상기한다면, 이것은 어느 쪽으로 편중되거나 치우치지 않은 상태에 대한 설명임을 쉽게 짐작할 수 있다. 여기에서 중간은 물리적 의미의 중간이 아니라 특정 상황 속에서 어느 한쪽으로 편중되지 않는 무게중심점이다. 한쪽이 굵고 또 다른 쪽이 가는 봉이라면, 무게중심이 굵은 쪽 3분의 1 지점에 위치하는 것처럼 말이다. 따라서 중이라는 마음 상태는 정감에 의해 어떠한 상황이 결정되어 있지 않아, 어느 쪽으로 편중되거나 치우칠 만한 문제 자체가 발생하지 않는 상태이다. 즉 절대적인 평정의 상태이며, 정감이 어떻게 형성되어야 할지에 대한 기준이 된다.

이 말에서 우리는 정감이 어떻게 드러나야 하는지를 잘 알 수 있다. 즉 개인의 사적 욕망이나 특정 환경에 치우치는 정감이 아니라, 그 상황에서 정확한 무게중심을 이룰 수 있는 공적 정감이어야 한다. 정감의 본래 상태가 치우치지 않았다는 것은 누구나 쉽게 그에 따라 정감을 발현할 수 있다는 뜻이기도 하다. 중中이 유학에서 절대적 도덕 기준으로 이해되었던 이유이다. 따라서 정감이 발현되었을 때에도 이러한 중의 상태가 드러날 수 있어야 한다.

이제 문제는 마음에서 정감이 발현되었을 때이다. 앞서 본 것처럼 『중용』의 저자는 사람이 가진 절대적 선함의 상태가 그대로 드러나게 되면

사단칠정 자세히 읽기

'특정 상황에서 도덕적으로 딱 맞는 정감'이 된다고 말한다. 즉 지하철 선로에 떨어진 취객을 보면서 나를 위한 두려움의 정감이 아니라 그 사람을 안타깝게 여기는 정감이 발현되고, 길을 가는 사람이 떨어뜨린 지갑을 보고 불로소득을 취할 즐거움의 정감이 아니라 지갑을 잃어버린 사람을 안타깝게 여기는 정감이 발현되어야 한다는 말이다. 『중용』의 저자는 바로 이렇게 발현된 정감을 화和의 상태라고 했다. 중의 상태인 사람의 마음에서 정감이 발현될 때 이렇게 조화로운 정감이 될 수 있도록 정감을 조절하고 제어해야 한다는 의미이다.

선한 정감의 발견과 수양

사람만의 본성으로서의 선한 정감

『예기』는 사람의 '정감에 대한 우려'에서 출발하여, 그것을 제어하고 조절할 수 있는 예禮를 도출한다. 그러나 예의 진정성에 주목한 맹자는 선한 정감의 가능성에 좀더 초점을 맞춘다. 본성의 선함을 중심으로 선한 정감을 논리적으로 이끌어내고 있는 맹자의 철학은 이러한 입장에서 나온다.

맹자는 사람과 동물을 구분할 수 있는 사람만의 특수한 공통성을 찾으려고 했다. 사람이 사람다울 수 있는 이유, 즉 사람만이 가진 본성에 대한 물음이었다. 이러한 과정에서 맹자는 사람이 가진 인함이나 의로움과 같은 도덕 덕목에 주목한다. 사람의 본성은 대부분 자기 자신과 종족을 유지시키기 위한 삶의 욕구로 이루어져 있으며, 이러한 욕구는 생명을 가진 동물이나 사람 사이에 별다른 차이가 없다. 다만 아주 미세한 차이가 있다면, 동물은 자신만을 위한 생生의 욕구밖에 없는 반면, 사람은 희미하긴 하나 도덕성도 지녔다는 것이다.

【 맹자 1 】 원문 3

맹자는 "사람이 동물과 다른 점은 매우 적다. 그런데 많은 사람들은 동물과 다른 점을 버리지만 군자는 그것을 보존한다. 순舜 임금께서는 여러 사물에 대한 이치에도 밝았지만 그중에서도 특히 인륜人倫을 살피는 데 밝으셨는데, 이것은 (사람이 선천적으로 가진) 인함과 의로움으로 인해 행한 것이지, (인위적으로) 인함과 의로움을 행하려 했던 것은 아니다"라고 말했다.

『맹자』「이루하離婁下」

군자君子는 사람만이 가진 본성을 보존한 이로, 그 구체적인 내용은 인함이나 의로움과 같은 도덕성이다. 이러한 도덕성은 모든 사람이 가지고 있지만, 그것을 보존하는 이도 있고 버리는 이도 있다. 그런데 이와 같은 맹자의 언명은 당시 숱한 비판에 휩싸일 수밖에 없었으며, 이러한 까닭에 사람이라면 누구나 그러한 본성을 가졌다는 사실을 증명해야 했다. 선한 정감인 사단四端에 대한 증명이 요구되는 이유이다.

맹자는 모든 사람이 사람인 이상 사람다움의 본성을 가져야 한다고 생각해 그것을 선천적 특징으로 설정한다. 그래야 '모든 사람'이 가졌다는 사실을 증명해내고, 이를 기반으로 선한 본성의 회복을 강제할 수 있기 때문이다. 하지만 당시 현실은 악한 사람들이 판을 치고, 권모와 술수가 도처에 있었다. 동시에 누구나 성인이 될 수 있다는 규정은 철저히 신분을 중심으로 사람을 바라보았던 당시 입장에서는 파격적인 주장이기도 했다. 이러한 모든 문제 앞에서 맹자는 사람들이 수긍할 만한 대화법을 써서 이를 증명해야 했다. 여기서 등장한 것이 바로 그 유명한 유자입정孺子入井이다. 아래의 원문은 비교적 길지만 내용이 어렵지 않으므로 꼼꼼히 읽어 보기로 하자.

【맹자 2】 원문 4

맹자는 다음과 같이 말했다. "사람은 누구나 '사람으로서 차마 할 수 없는 마음不忍人之心'을 가지고 있다. 옛날 위대한 성왕聖王들께서는 사람으로서 차마 할 수 없는 마음을 가지고 있어서, 그것을 바탕으로 '백성들이 도탄에 빠지고 굶어 죽는 것을 차마 볼

사단칠정 자세히 읽기

수 없는 정치不忍人之政'를 펼치셨다. 사람으로서 차마 할 수 없는 마음을 가지고 백성들이 도탄에 빠지고 굶어 죽는 것을 차마 볼 수 없는 정치를 펼치면 천하를 다스리는 것은 손바닥을 움직이는 것처럼 쉽다. 내가 모든 사람이 참을 수 없는 사람의 마음을 가졌다고 말하는 이유는 다음과 같다.

만약 어떤 어린아이가 우물을 향해 엉금엉금 기어가서 빠지려는 것을 보면 누구나 깜짝 놀라면서 순간 그를 측은하게 여기는 마음이 생길 것이다. 그런데 이 마음은 어린아이의 부모와 친분이 있기 때문도 아니고, 동네에서 여러 사람들로부터 선한 사람이라는 명예를 얻기 때문도 아니며, 측은해하는 마음도 갖지 않은 나쁜 사람이라는 소문을 듣지 않으려 해서도 아니다. 이렇게 보면 다른 사람을 측은하게 여기는 마음惻隱之心이 없으면 짐승과 다를 게 없고, 자기 잘못에 대해 부끄러워하는 마음羞惡之心이 없어도 짐승과 다를 게 없으며, 다른 사람의 호의나 친절에 대해 사양하는 마음辭讓之心이 없으면 짐승과 다를 게 없고, 자신의 행동에 대해 잘잘못을 가리는 마음是非之心이 없어도 짐승과 다를 게 없다. 다른 사람을 측은하게 여기는 마음은 인함仁의 실마리요, 자신의 잘못에 대해 부끄러워하는 마음은 의로움義의 실마리이며, 다른 사람의 호의나 친절에 대해 사양하는 마음은 예의禮의 실마리이고, 자신의 행동에 대해 잘잘못을 가리는 마음은 지혜로움智의 실마리이다. 사람이 이와 같은 네 가지 선한 정감四端을 가지고 있는 것은 마치 태어날 때부터 팔다리의 사지四肢

를 가진 것처럼 선천적이다.

『맹자』「공손추상公孫丑上」

맹자의 뛰어난 언술을 엿볼 수 있는 대표적인 구절 가운데 하나이다. 어린아이가 우물에 빠지는 경우를 상상함으로써 사람은 누구나 자신의 의지와 상관없이 다른 사람이 처한 안타까운 상황으로 인해 그를 '안타깝게 여기게 되는 정감'이 있다는 사실을 증명하기 위한 것이다. 어린아이가 앞에 있는 우물에 빠지는 줄도 모르고 엉금엉금 기어가는 상황을 목격했을 때 사람들이 갖게 되는 정감이 바로 이러한 종류의 것이다. 특히 맹자는 이러한 정감이 계산적으로 생겨나는 것이 아니라는 사실을 사람들로 하여금 점검해보게 함으로써 선한 정감의 선천성을 입증한다. 이것이 바로 차마 어떻게 할 수 없는 사람의 마음不忍人之心이다.

맹자는 이러한 정감을 네 가지로 설명했는데, 이것이 바로 선한 정감, 즉 사단四端이다. 그 구체적인 내용을 하나하나 살펴보자. 우선 우리가 앞서 예로 들었던 정감으로, 다른 사람을 측은하게 여기는 마음惻隱之心이다. 어린아이가 우물에 기어들어가는 것을 안타깝게 여기는 그 마음으로, 이를 통해 도덕 덕목인 인仁을 완성할 수 있다.

두 번째 정감은 '자신의 잘못에 대해 부끄러워하는 마음羞惡之心'이다. 내가 무의식중에 길에 담배꽁초를 버렸는데 다른 사람들이 나의 이러한 행동을 본다면 나도 모르게 부끄러운 정감이 생긴다. 하늘을 우러러 한 점 부끄러움 없기를 바랐던 시인 윤동주의 마음이 바로 이러한 정감으로, 그는 이러한 부끄러움에 빠지지 않기 위해 평생을 의롭게 살았다. 또한 나라를 잃고도 행동하지 않는 자신에 대해 부끄러워하는 정감은 목숨을 건 의병운동을 일으키게 했다. 이러한 이유에서 수오지심은 도덕 덕목인 의로움義을 완성할 수 있는 실마리가 된다.

세 번째 정감은 다른 사람의 호의나 친절에 대해 사양하는 마음辭讓之心이다. 맹자가 보기에 모든 사람은 누군가의 호의에 대해 미안해하는 정감이나 부끄러워하는 정감이 일면서 '괜찮습니다'라고 사양할 줄 안다. 버스나 기차를 타고 갈 때 아무리 배가 고파도 옆에 앉은 낯선 사람이 삶은 계란이라도 불쑥 내밀면 순간적으로 '괜찮습니다'라고 사양부터 하고 보는 것이 일반적이다. 다른 사람에게 피해를 끼치고 싶지 않은 마음이 미안한 정감으로 드러나서 자신도 모르게 사양하게 되는데, 이것이 타인에 대한 배려의 행동으로 옮겨진다. 맹자는 이러한 마음을 단서로 해서 도덕적 행동 양식인 예禮가 실현될 수 있다고 생각했다.

네 번째 정감은 옳고 그름에 대해 스스로 아는 마음是非之心이다. 내가 하는 판단과 행동이 도덕적으로 옳은지 그른지를 알고 있는 마음이다. 친구와 다투는 과정에서도 내 행동이 옳지 않은지는 스스로 판단하고 있으며, 아버지를 대하는 나의 행동이 옳지 않은 것에 대해서도 스스로 알고 있다는 말이다. 도덕적으로 옳은지 그른지에 대한 판단은 선천적으로 모든 사람에게 주어진 것으로, 그것이 마음의 활동으로 자연스럽게 드러난다. 이러한 마음은 도덕 덕목인 지혜로움智을 완성시키는 단서가 된다. 이러한 네 가지 마음을 간략하게 정리해보면 다음과 같다.

네 가지 선한 도덕성의 단서 (사단四端)	단서의 확충을 통해 완성되는 덕목
다른 사람을 측은하게 여기는 마음 측은지심惻隱之心	인함 - 인仁
자신의 잘못에 대해 부끄러워하는 마음 수오지심羞惡之心	의로움 - 의義
다른 사람의 호의나 친절에 대해 사양하는 마음 사양지심辭讓之心	예의 - 예禮
자신의 행동에 대해 잘잘못을 가릴 수 있는 마음 시비지심是非之心	지혜로움 - 지智

선한 정감의 확충과 성인됨의 구현

사람은 누구나 선한 정감을 가지고 있다. 그러나 우리의 현실은 여전히 수많은 악함으로 인해 혼란한 것도 사실이다. 앞서도 말했듯이, 취객이 선로에 떨어진 것을 보면서 모두 그를 측은하게 여기는 마음은 갖고 있었지만, 그 사람을 구하기 위해 행동했던 이는 이수현뿐이었다. 맹자가 선한 정감을 사단四端이라고 했던 이유는 여기에 있다. 즉 실마리를 가지고 마음 전체에 도덕 덕목을 실현해야 한다는 말이다.

이러한 이유에서 맹자는 선한 정감을 마음 전체로 확장시킴으로써 사적 정감을 마음 밖으로 밀어내는 수양이 필요하다고 말한다. 『예기』에서 칠정에 대한 조절과 제어의 의미와도 일맥상통한다. 다만 『예기』와 달리 『맹자』는 선한 정감은 그 자체로 선하기 때문에 그것을 마음 전체로 넓혀

사단칠정 자세히 읽기

가기만 하면 된다고 보았다.

【 맹자 3 】 원문 5

나에게 있는 네 가지 선한 정감의 실마리를 넓히고 넓혀서 마음 전체로 가득 채워擴充갈 줄 알면, 마치 불이 처음에는 조금씩 타다가 급격히 번져가고 샘이 갑자기 솟아오르는 것과 같아진다. 이렇게 실마리를 확장하여 마음 전체에 채우게 되면 온 천하를 도덕적으로 다스릴 수 있는 사람이 된다. 그러나 이것을 마음 전체로 채우지 못한다면, 부모님도 섬기지 못할 것이다.

『맹자』「공손추상」

맹자는 '실마리端'에 불과한 정감을 마음 전체로 넓힐 것을 요구한다. 사람이 가진 선한 정감은 겨우 불을 붙여놓은 상태, 또는 샘에서 한 줄기의 물이 겨우 솟아오르는 상태이다. 작은 불씨는 한 사람도 따뜻하게 할 수 없지만, 그것이 번져가면 순식간에 노적가리를 태워버리는 것처럼, 선한 정감도 물에 빠지는 어린아이를 보면 반응하는 정도에 불과하지만 그것이 마음 전체로 넓어지면 천하를 도덕적으로 다스릴 수 있는 사람이 된다.

맹자는 이렇게 마음을 넓혀가는 수양 공부를 '확충擴充'이라고 한다. 말 그대로 실마리에 불과한 선한 정감을 마음 전체로 가득 채워가는 것으로,

이것은 각 개인이 수양을 통해 이루어내야 하는 것이다. 사람이라면 누구나 선한 정감을 가지고 있음에도 불구하고 그것을 행동으로 옮기는 사람과 그렇지 않은 사람에 차이가 있는 이유이다. 천하를 도덕적으로 다스리는 성군이 될 수도 있고, 집에서 부모도 제대로 섬기지 못하는 사람이 될수도 있는 것이다. 이렇게 마음 전체로 확충되면 이 선한 정감은 더 이상'단서'가 아니라 도덕 덕목 그 자체가 될 수 있다. 그 상태에 대해 맹자는다음과 같이 말한다.

【맹자 4】 원문 6

맹자는 다음과 같이 대답했다. "사람이 가지고 있는 본래의 정감만 가지고 말하면 선하다고 할 수 있으니, 이것이 바로 내가말하는 선함이다. 사람이 선하지 않은 행동을 하는 것은 타고난재질(본성) 때문이 아니다. 다른 사람을 측은하게 여기는 마음惻隱之心은 모든 사람이 가지고 있고, 자신의 잘못에 대해 부끄러워하는 마음羞惡之心도 모든 사람이 가지고 있으며, 다른 사람의 호의나 친절에 대해 사양하는 마음恭敬之心도 모든 사람이 가지고있고, 자신의 행동에 대해 잘잘못을 가릴 수 있는 마음是非之心도모든 사람이 가지고 있다. 다른 사람을 측은하게 여기는 마음이바로 인함仁이고, 자신의 잘못에 대해 부끄러워하는 마음이 바로 의로움義이며, 다른 사람의 호의나 친절에 대해 사양하는 마음이 바로 예의禮이고, 자신의 행동에 대해 잘잘못을 가릴 수 있는 마음이 바로 지혜로움智이다. 이처럼 인함·의로움·예의·지혜로움은 마음 밖에서 후천적으로 들어온 것이 아니라 태어나면서 원래부터 가지고 있는 것인데, 사람들이 그것에 대해 알지 못할 뿐이다. 이 때문에 '사람이 가진 선한 본성은 마음에서 구하면 누구나 가지지만, 버리면 잃어버린다'고 했던 것이다. 그러므로 선한 행동보다 악한 행동을 더 많이 하게 되고, 그러다 아예 선한 행동이 거의 없이 악한 행동만을 하게 되는 것은 사람이 태어나면서부터 가지고 있는 본래의 재질(본성)을 다하지 못했기 때문이다."

『맹자』「고자상」

모든 사람이 선한 정감을 본성으로 가지고 있음에도 불구하고 현실은 왜 이렇게 선하지 못할까? 맹자가 대답하기 전에 그의 제자인 공도자는 여러 사람의 말을 빌려와 본성이 같지 않기 때문이 아닐까라는 조심스러운 질문을 던진다. 사실 어떤 사람의 성격이나 도덕적 행위의 가능성을 말할 때 천성의 차이를 들곤 한다. 타고난 것이 악하기 때문에 악한 행동을 잘하고, 타고난 것이 선하기 때문에 선한 행동을 잘한다고 말하는 것이다. 공도자의 질문은 이러한 내용을 증명하는 다양한 예를 중심으로 이루어져 있다.*

우리가 생각해도 모든 사람의 본성이 같다는 점은 약간 의외일 수 있다. 특히 맹자가 살았던 시기는 신분이나 계급적 질서가 분명하고, 대부분의 사람은 그러한 신분 차이의 근거를 사람이 가진 각기 다른 본성으로부터 찾으려고 했다. 그러나 맹자는 현실적 악이 다양하게 드러나는 이유에 대해 사람이 가진 본성을 다하지 않았기 때문으로 규정한다. 본성은 선하지만, 사람에 따라 그것이 마음을 움직이는 정감으로 작용하기도 하고 그렇지 않기도 하기 때문이다. 이와 같은 이유에서 맹자는 사람이 가진 본성을 도덕 덕목과 연결시켜, 선한 정감四端이 곧 인의예지仁義禮智와 같은 도덕 덕목이라고 말한다. 선한 정감을 단서로만 머물게 하는 것이 아니라 그것을 잘 발현시켰을 경우를 말하고 있다.

맹자의 이와 같은 입장은 정감을 중심으로 윤리의 기준을 만들어가는 데 있어서 대단히 중요한 의미를 지닌다. 모든 사람에게 동일한 정감은 개인성이나 즉흥성으로서의 사적 정감과 달리, 통일된 윤리 기준을 만들 수 있기 때문이다. 더불어 공적 정감을 유지하고 사적 정감을 제거한다는 구체적 방법론의 설정이 가능하기 때문에 이후 주자학을 통해 이 영역은 중요하게 받아들여질 수밖에 없었다.

이러한 이유에서 맹자는 모든 사람에게 선천적으로 타인의 아픔을 나의 아픔으로 여기는 정감이 있다고 강조했고, 이것을 기반으로 개인과 사회, 나아가 국가의 윤리를 만들려고 했다. 여기에서 중요한 것은 그러한 정감을 행동으로 드러낼 수 있도록 마음을 수양하는 단계이며, 이를 통해 모든 사람은 누구나 성인이 될 수 있다고 말했다.

＊ 자세한 것은 『맹자』 「고자상」, "公都子曰, 告子曰, 性, 無善無不善也. 或曰性可以爲善, 可以爲不善, 是故, 文武興則民好善, 幽厲興則民好暴. 或曰有性善, 有性不善, 是故以堯爲君而有象, 以瞽瞍爲父而有舜. 以紂爲兄之子, 且以爲君而有微子啓王子比干. 今曰性善, 然則彼皆非與"을 참조.

사단칠정 자세히 읽기

03

단계

우주의 보편적 이치와 선한 정감

단계 설명 ⊙ 선한 정감의 객관적 근거로서 '우주 보편의 이치'를 설정

의미 　　⊙ 주자학 심성론 구조 속에서 우주 보편의 이치인 선한 본성과
　　　　　 그것의 발현인 선한 정감, 그리고 일반 정감의 관계 이해

원문 대상 ⊙ 주희

마음과 몸 그리고 본성과 선한 정감

앞서 살펴보았던 것처럼 주자학의 성립은 유학이 보편 철학으로 만들어지는 과정에서 이루어졌다. 이것은 사람 역시 형이상학 체계 속에 존재하는 것으로 설정되고, 그러한 이론 구조에 의해 설명될 수 있음을 의미한다. 이치와 기의 결합으로 모든 존재를 이해하는 주자학의 입장에서는 사람의 마음 또한 마찬가지로 본다. 따라서 사람 역시 사람의 이치와 사람의 기를 가진 존재이며, 이러한 구조 속에서 마음의 구조와 의미도 정의된다.

여기서는 우선 이와 같은 주자학의 몸과 마음, 그리고 본성과 정감의 관계부터 살펴보자.

【주희 1】 원문 7

> 본성은 마음이 가야 할 길이자 이치이고, 마음은 몸을 주재하는 것이다. 선한 정감(사단)도 정감情이니, 이는 마음이 정감의 활동으로 드러난 것이다. 선한 정감의 씨앗은 마음에서 발아한 것이니, 이렇게 될 수 있는 까닭은 사람의 본성으로 주어진 하늘의 이치가 마음속에 있기 때문이다.
>
> **『주자어류朱子語類』「성정심의등명의性情心意等名義」**

동양 사람들의 마음에 대한 인식은 주희에게서도 동일하게 나타난다. 이들은 모두 몸을 주재하고 제어하는 것은 마음이어서, 사람의 모든 행동이나 능력은 '마음'에 달려 있다고 생각했다. 이것은 사람의 성격과 행동, 판단, 도덕적 행위로의 이행 등이 모두 마음에 있음을 뜻하는 것으로, 사람의 존재 그 자체가 사람이 가진 마음과 동일시된다. 몸은 마음을 따르는 존재이기 때문이다. 이러한 이유에서 주자학은 사람의 이치가 곧 마음의 이치라고 생각했으며, 마음의 활동이 곧 사람의 활동을 좌우한다고 여겼다.

사단칠정 자세히 읽기

그렇다면 이러한 사람의 마음은 어떤 구조로 이루어져 있을까? 여기에 대한 주희의 입장은 비교적 간명하다. 우주의 모든 존재가 그러한 것처럼 사람의 마음 역시 보편적 이치인 리理와 그것을 드러내는 속성으로서의 기氣가 결합하여 이루어진다. 구체적으로 마음의 리는 '마음의 길이자 이치'라고 표현되는 본성이며, 마음의 기는 본성의 구체적 활동인 정감이다. 이러한 설정 위에서 주희는 마음의 본성에 대해 하늘의 이치가 사람의 마음속에 주어진 것이라고 말한다. 사람이 우주 보편의 이치와 연결되는 방식으로, 사람 역시 하늘의 이치에 따라 만들어진 존재라고 설명하는 것이다. 이러한 존재가 자기 구체성이나 특수성을 드러내는 방식이 바로 마음의 활동인 정감이다. 사람이 사람답게 생각하고 살아갈 수 있는 기본 원리가 사람이 태어날 때부터 마음속에 주어져 있다는 사실에 대한 확인, 그리고 그것의 구체적인 실현은 정감을 통해 이루어진다는 의미이다.

그렇다면 선한 정감은 어디에 속할까? 주희는 선한 정감도 원론적으로 정감의 영역에 속한다는 사실을 분명히 한다. 선하든 악하든 모두 마음의 활동인 정감이라는 말이다. 이처럼 일반 정감인 칠정이나 선한 정감인 사단 모두 마음의 활동이라는 주자학의 기본 설정에 따라 정감에 속한다는 사실을 알 수 있다.

본성과 선한 정감의 관계

그러면 이제 주자학의 철학 체계 내에서 제시된 선한 정감과 그 근거에 대해 좀더 초점을 맞추어 살펴보기로 하자. 하늘의 이치가 사람에게 주어진 것이 바로 사람의 본성性이라는 사실은 앞서 확인했다. 보편 철학으로의 이행 과정에서 주자학은 사람의 본성을 하늘의 이치와 연결시켰던 것이다. 그렇다면 이러한 본성의 구체적인 내용은 무엇이며, 선한 정감과 어떻게 관계할까?

【주희 2】 원문 8

> 다른 사람을 측은하게 여기는 마음과 자신의 잘못에 대해 부끄러워하는 마음, 다른 사람의 호의나 친절에 대해 사양하는 마음, 그리고 자신의 행동에 대해 잘잘못을 가릴 수 있는 마음은 '정감情'이다. 인함仁·의로움義·예의禮·지혜로움智은 사람이 하늘로부터 부여받은 '본성性'이다. 마음은 정감과 본성을 통합해서 부르는 이름이다. 선한 정감四端에서 말하는 '단端'이라는 글자는 실마리를 의미한다. 즉 정감의 형태로 드러난 이후에야 본성의 본래 모습에 대해서 알 수 있기 때문에 그것을 실마리라고 했다.
>
> 『주자어류』「공손추상지하公孫丑上之下」

하늘이 사람에게 부여한 도덕 본성의 구체적인 내용은 인의예지仁義禮智로 대표되는 도덕 덕목이다. 사람이 사람일 수 있는 이치가 바로 도덕 덕목이며, 따라서 사람의 삶에서 이러한 도덕 덕목이 표현되고 실행되어야 그것이 바로 사람답게 사는 삶이다. 그런데 이것은 구체적인 활동이나 정감의 형태로 드러날 수 없는 이치理의 영역인 '본성'이다. 본성의 본래 모습은 정감과 같은 기를 통하지 않고는 드러날 수 없다는 말이다. 따라서 이것을 구체화시킬 장치들이 필요한데, 그것이 바로 정감이다.

이런 이유로 주희는 네 가지 도덕 덕목을 네 가지의 선한 정감과 연결시킨다. 즉 다른 사람을 측은하게 여기는 마음을 통해 인함이라는 도덕 덕목이 드러난다는 것이다. 이것은 나머지 세 개의 도덕 덕목과 선한 정감의 관계 역시 마찬가지이다. 사단四端에서 단端, 즉 '실마리'라고 했던 이유이다. 봄·여름·가을·겨울의 변화를 통해 변하지 않는 '계절 변화의 질서 이치'가 드러나듯이, 선한 정감을 실마리로 해서 사람의 본성이 드러난다. 따라서 선한 정감은 사람의 본성을 드러내는 구체적인 양상이라고 할 수 있다. 그리하여 주희는 본성과 선한 정감의 관계에 대해 좀더 구체화시켜서 다음과 같이 말한다.

마음이 아니고는 본성性을 알 수 없고, 본성이 아니고는 마음이 마음으로서의 의미를 갖지 못한다. 이 때문에 맹자는 마음과 본성을 항상 함께 말씀하셨다. 인함과 의로움, 예의, 지혜로움은 사람의 본성인데, 동시에 그것과 연결시켜 다른 사람을 측은하

게 여기는 마음과 자신의 잘못에 대해 부끄러워하는 마음, 다른
사람의 호의나 친절에 대해 사양하는 마음, 그리고 자신의 행동
에 대해 잘잘못을 가릴 수 있는 마음을 말씀하셨다. 이 부분을
다시 한번 더 세밀하게 생각해보아야 한다.

『주자어류』「성정심의등명의」

사람의 마음이 아니고는 '사람의 본성'을 알 수 없다. 본성은 마음의 활
동을 통해 드러난다는 뜻이다. 앞서 말했듯이 계절이 바뀌는 질서는 계절
이 실제로 바뀌는 변화를 통해 알 수 있듯이, 하늘로부터 선한 본성이 사
람의 이치로 주어져 있다는 사실은 마음의 활동을 통해 알 수 있다. 본성
이 정감과 같은 마음의 활동에 기댈 수밖에 없는 이유이다.

그렇지만 동시에 주희는 마음이 마음으로서 의미를 갖기 위해서는 본
성이 있어야 한다고 말한다. 사람의 마음속에 인의예지와 같은 도덕 본성
이 없다면, 그것은 더 이상 사람의 마음이 아니다. 마치 건물을 아무리 잘
지어놓아도 그 속에 진료할 의사가 없다면 그것을 병원이라고 할 수 없듯
이, 정감이 아무리 활동한다 해도 사람의 본성이 없다면 그것은 짐승들이
품는 삶에 대한 욕구 이상의 의미가 없기 때문이다. 이처럼 본성이란 마음
이 '사람의 마음일 수 있게 해주는 것'이다.

선한 정감은 바로 이러한 본성이 현실화되는 방법이다. 맹자가 사람의
본성을 선한 정감과 연결시켜 설명했던 이유에 대해 주희는 사람의 본성
이 현실화되는 구체적인 방법이 바로 선한 정감이기 때문이라고 말했다.

126

이렇게 되면 선한 정감은 단순한 정감이 아니라, 하늘의 이치가 사람에게서 표현되는 구체적인 방법이 된다. 사람이 가지고 있는 안타까움이나 슬픔, 기쁨 등과 같은 정감을 통해 도덕 본성이 사람에게서 실현되는 것이다.

선한 정감도 정감

앞에서 우리는 사람의 본성과 선한 정감의 관계에 대해 확인했다. 이러한 관계는 이치와 기의 결합이라는 구조를 가지고 마음을 보기 때문에 그렇게 정의되는 것이다. 마음의 이치인 본성과 마음의 기인 정감의 구조로 되어 있으며, 본성은 정감을 통해 드러날 수밖에 없다는 입장까지 확인했다. 주자학에서 말하는 기본적인 심성론心性論의 구조이다.

선한 정감은 정감의 영역에 위치하면서, 기의 속성으로 분류된다. 주자학은 선한 정감을 정감으로 파악하면서, 본성性과 대비시켜 이해한다. 이러한 이해는 본성과 그 맥락이 닿고 있는 선한 정감 역시 정감의 영역으로 설명하게 만드는데, 이것은 이후 선한 정감과 일반 정감의 관계 문제를 다루게 되는 논쟁으로 발전할 가능성을 내포한다. 그러므로 이번 장에서는 앞장과 내용적으로 크게 차별화되지는 않지만, 주자학에서 말하는 선한 정감에 대해 좀더 초점을 맞추어 살펴보기로 하자.

다른 사람을 측은하게 여기는 마음과 자신의 잘못에 대해 부끄러워하는 마음은 각각 인함과 의로움이라는 도덕 덕목의 실마리이다. 다른 사람을 측은하게 여기는 마음은 '정감情'이고 '인함'은 사람의 본성性이니, 본성은 사람이 걸어야 할 길이자 하늘의 이치이다. 인함은 이치理이므로 말로 설명하기 어렵지만, 조금 쉽게 말하면 사랑을 느끼게 하는 이치이다. 이러한 이치가 다른 사람을 측은하게 여기는 마음惻隱之心으로 드러난다. 의로움은 부끄러움을 느끼게 하는 이치인데, 이것이 자신의 잘못에 대해 부끄러워하는 마음羞惡之心으로 드러난다. 예는 사양할 수 있게 하는 이치인데, 이것이 다른 사람의 호의나 친절에 대해 사양하는 마음辭讓之心으로 드러난다. 지혜로움은 옳고 그름을 따지는 이치인데, 이것이 자신의 행동에 대해 잘잘못을 가릴 수 있는 마음是非之心으로 드러난다. 인함·의로움·예의·지혜로움은 마음에서 드러나지 않는 하늘의 이치이고, 다른 사람을 측은하게 여기는 마음과 자신의 잘못에 대해 부끄러워하는 마음, 다른 사람의 호의나 친절에 대해 사양하는 마음, 자신의 행동에 대해 잘잘못을 가릴 수 있는 마음은 정감으로 드러난 본성의 실마리이다.

『주자어류』「공손추상지하」

⊙『예기』, 31.5×21cm. 『예기』「예운禮運」 편에서는 기쁨喜, 성냄怒, 슬픔哀, 두려움懼, 사랑愛, 미움惡, 욕구欲의 일곱 개 정감에 대해 사람이라면 "배우지 않아도 누구나 상황에 맞닥뜨리면 저절로 드러나는 것"이라고 말한다.

壽 羹 嘗

⊙「채씨의 효행도」, 허련, 비단에 엷은색, 23×31.7cm, 김민영. 아버지가 병이 들자 대변 맛을 보며 증세를 관찰하고 하늘에 자신이 그 고통을 대신할 수 있도록 비는 장면이다. 칠정七情에 대한 최초의 논의는 『예기』에 등장하는데, 부모에 대한 효孝가 중요한 덕목으로 다루어진다.

未

⊙「채씨의 효행도」, 허련, 비단에 엷은색, 23×31.7cm, 김민영. 저자거리에 나가 행상을 하고 쌀을 짊어지고 와 부모를 공양하려는 효자의 모습이다.

王覽爭酖

王覽은 祥之弟與祥友愛甚篤朱氏遇祥
無道覽年數歲見祥被楚撻輒涕泣抱持至
於成童每諫其母其母少止凶虐朱氏使祥
理煩劇與祥俱勞使祥愈見親朱氏應以非
而共之朱氏之乃止朱家使覽妻亦遇
取使祥覽越其有嫠爭而下覽知之徑起
朱賜祥覽覽先嘗朱懼覽致覽遂止

딘나라사람왕남은왕상의이미튼아이라앗이
됴리브러우이지극ᄒ여그어미머쥬씨샹을후
도ᄒ여졈으니낭남이ᄒ히두어살에샹의미마
즈졸보면문둑울며못잡더니낭남이낭젼의ᄀ
미양ᄀ어이뭇고쵸ᄒ여말라니되거샹이오나오
니낭남이반시가지로ᄒ니불고댱샹의안히
룰구치더라쥬시여러번못잡더일됴샹을부
룰ᄇ쳐너히허샹을먹이려ᄒ니낭남이앗고ᄀ
드러ᄀ술을마시러ᄒ되샹이앗아ᄒ니낫
가위신ᄋ여ᄒᄂ도샤남을주려ᄒ아니ᄒ리쥬시
금히그술을아사엿ᄆ로니이후도쥬씨음식
울주려ᄆ남이마양몬져맛보니쥬씨남이혹
죽윤ᄀᄆ두려ᄒ여다시그라ᄂ아니ᄒ나라

⊙『율곡전서』, 이이, 20.5×31.5cm, 1749, 강릉오죽헌시립박물관.

⊙ 「사문탈사寺門脫蓑」, 정선, 종이에 수묵, 55×37.7cm, 간송미술관. 율곡 이이가 설구를 갖추고 절을 찾는 모습을 그린 것이다. 율곡은 사단칠정 논쟁에서 기대승의 입장에 서서 자신의 견해를 밝혀나간다.

⊙「우암선생지칠십사세진」, 김창업, 비단에 채색, 91×62cm, 충북 제천 황강영당. 송시열은 이이의 입장을 이어받아 선한 정감(사단)의 형태가 일반 정감(칠정)과 다르지 않다는 사실을 지속적으로 논증한다. 즉 측은지심은 결국 사랑愛이나 슬픔哀과 같은 일반 정감의 형태를 띤다는 것이다.

◉ 송시열이 남긴 『송자대전』.

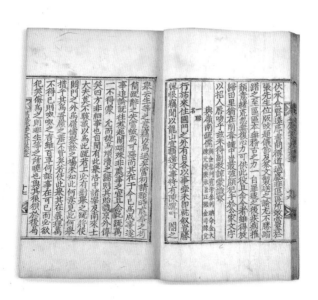

⊙『갈암선생문집』, 31.2×21.4cm, 1909, 재령이씨 우계종택 기탁, 한국국학진흥원. 이현일은 퇴계학파에서 처음으로 학파적 의식을 갖고 기호학파의 퇴계 학설 비판에 대해 역비판을 가했다. 특히 그는 송시열에 대해 강한 비판적 시각을 견지했다.

南 塘 韓 先 生 眞 像

⊙「한원진초상」, 비단에 채색, 88×58cm, 충북 제천 황강영당. 한원진은 이이에서 송시열, 권상하로 이어지는 기호의 전통 학맥을 그대로 잇는다. 한원진은 주희가 일반 정감은 '선한 정감을 횡으로 꿰뚫고 있는 것'이라고 말하면서 이 둘을 구분하지 않은 내용을 중심으로, 선한 정감과 일반 정감은 씨줄과 날줄처럼 얽혀 있는 것이라고 말한다.

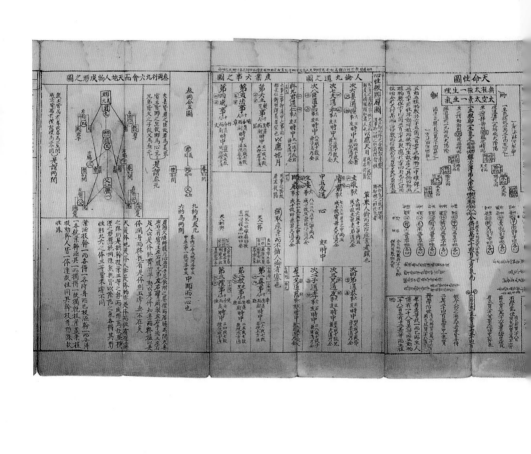

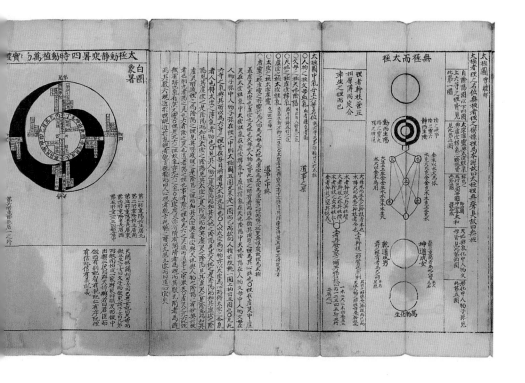

⊙ 「심성록촬요오도心性錄撮要五圖」, 조선후기, 국립중앙박물관. 『심성록』이라는 책의 내용을 중심으로 성리학의 중심 개념을 태극도, 천명도, 심성도, 대학도, 중용도의 5개 그림으로 그리고 설명을 붙인 것이다. 이로 보아 조선 성리학의 특징인 이기심성理氣心性에 대한 사변적인 탐구가 후기까지 꾸준히 이어졌음을 알 수 있다.

退陶晚隱眞城李公之墓

昔蒙矣亦可謂建諸天地而不悖質諸鬼神而無疑也嗚呼至矣
男後娶安東權氏奉事碩之女俱贈貞敬夫人子寯奉化縣監寀早世孫男三人曰安道辛酉生貞曰純道曰
詠道女二人長適士人朴櫟側室子一人曰寂
皇明隆慶六年十一月　日

先生再娶先金海許氏瓚士之女産二

後學通政大夫工曹參議知製　教高峯奇大升　謹記
萬曆五年丁丑二月　日立　成均生員琴輔　謹書

退溪先生墓碣銘
生而大癡壯而多疾中何嗜學晚何叨爵學求猶邈爵辭愈嬰進行之路退藏之貞深慚國恩亶畏聖言有山嶷嶷有水源源婆娑初服脫略衆訕我懷伊阻我佩誰玩我思古人實獲我心寧知來世不獲今兮憂中有樂樂中有憂乘化歸盡復何求兮

隆慶四年春
退溪先生年七十再上箋乞致仕不許秋又申乞致仕不許十二月辛丑　先生卒訃聞

⊙「이황묘비탁본」, 기대승, 115.1×62.1cm, 1572, 국립중앙박물관. '퇴도만은진성이공지묘退陶晚隱眞城李公之墓'라고 중앙에 크게 쓰인 글씨 좌우로 이황 자신의 묘갈명과 기대승의 비문이 있다.

주희는 선한 정감에 대해 '선함'을 중심으로 바라보는 것이 아니라 정감에 초점을 맞추고 있다. 선함 그 자체는 '이치'가 갖는 속성이며, 이것이 현실에서 구체성을 띠고 다른 사람이 인식할 수 있도록 드러나는 양태가 선한 정감이다. 인함이란 사람이 다른 사람을 사랑하게 하는 이치로, 사람 속에 내재된 본성이다. 이것이 마음의 정감으로 드러나게 되면 다른 사람을 측은하게 여기는 마음이 된다. 우리는 이러한 측은지심을 통해 우리 마음속에 다른 사람을 사랑하게 하는 이치인 인仁이 들어 있다는 사실을 알게 된다.

본성은 철저하게 이치의 영역이며, 선한 정감은 그것이 정감으로 드러난 양태임을 의미하는 말이다. 이러한 이유에서 주희는 "선한 정감을 가지고 본성에 의해 드러난 정감이다"*라고 했던 것이다. 선한 정감을 주로 '드러나서 활동한다는 측면'인 정감에 초점을 맞추고 있으며, 이러한 이유에서 선한 정감에 대해선 본성과의 대비 속에서 지속적인 논의가 이루어지고 있다.

이렇게 되면서 주희는 선한 정감도 정감이기 때문에 그것이 반드시 선한 본성을 그대로 실현시키지 않을 수 있다고 말한다. 기의 속성을 가진 정감에 대해 주희가 어떻게 생각하는지를 잘 이해할 수 있게 해주는 대목이다.

---

* 주희, 『주자어류』, 권5, 「性理二·性情心意等名義」, "孟子說, '惻隱之心, 仁之端也'一段, 極分曉. 惻隱·羞惡·是非·辭遜是情之發, 仁義禮智是性之體. 性中只有仁義禮智, 發之爲惻隱·辭遜·是非, 乃性之情也."

145

03단계 우주의 보편적 이치와 선한 정감

다른 사람을 측은하게 여기는 마음이나 자신의 잘못에 대해 부끄러워하는 마음과 같은 선한 정감四端 또한 정감이기 때문에 각 상황에 딱 맞는 경우도 있지만 딱 맞지 않는 경우도 있다. 만약 다른 사람을 측은하게 여기는 것이 옳지 않은 상황임에도 불구하고 그를 측은하게 여기거나, 자신의 잘못에 대해 부끄러워하는 것이 옳지 않은 상황임에도 불구하고 부끄러워하는 것이 바로 그 상황에 딱 맞지 않게 정감이 드러나는 경우이다.

「주자어류」「공손추상지하」

이 해석은 맹자와 주희의 철학적 차이를 극명하게 보여주는 대목이다. 맹자는 선한 정감을 해석할 때 '선함'에 무게를 둔다. 사람의 선함을 논증하기 위한 목적에서 제시된 것이 바로 선한 정감(사단)이기 때문이다. 따라서 맹자는 이러한 정감을 마음 전체로 확장하게 되면 언제 어디서나 선한 행동을 할 수 있는 성인이 된다고 말한다. 언제나 공적 정감으로 발현되는 것이 아니라면, 그것은 선한 정감이라고 말할 수 없기 때문이다.

이에 비해 주희는 정감에 무게를 두고 해석했다. "선한 정감 또한 정감이므로 각각의 상황에 딱 맞는 경우도 있지만, 딱 맞지 않는 경우도 있다"는 주희의 말은 선한 정감이라고 하더라도 그것은 정감에 불과하다는 사실을 분명히 한 것이다. 정감은 본성에 따라 그대로 발현될 수도 있고 그렇지 않을 수도 있다. 주자학에서 말하는 '악의 가능성'으로, 정감이 본성을 그대로 드러내지 못할 경우가 있다는 의미이다. 그런데 선한 정감도 정감이기 때문에 다른 정감이 개입할 여지가 있고, 이것은 궁극적으로 선하지 않은 행동을 불러올 수도 있다. 맹자가 말한 선한 정감과 주희가 말한 선한 정감의 의미가 달라지는 지점이다. 이 내용은 이후 이황과 기대승의 논쟁에서 중요한 쟁점으로 부각된다.

선한 정감과 일반 정감의 관계

마음에 관한 주희의 관심은 주자학의 형이상학적 구조를 가지고 마음의 구조를 설명하는 것이었다. 그러면서 주희는 선한 정감四端과 일반 정감七情이라는 두 가지 정감이 있음에도 불구하고 이 둘의 관계에 대해서는 거의 논의하지 않는다. 선한 본성에서 선한 정감으로의 이행이 중심 논점이었기 때문이다.

이 과정에서 특히 일반 정감은 정감 전체를 말하는 것으로 이해되었다. 주희의 철학을 제자들과의 문답 형식으로 정리해놓은 『주자어류』에서 '칠정'이라는 말을 검색해보면 채 10곳이 되지 않는다. 이러한 주자학의 논의 구조는 조선에서 선한 정감과 일반 정감의 관계와 그것을 이치와 기의 영역에서 파악하려는 노력을 낳게 했다. 따라서 이후 조선에서의 논쟁을 정확하게 이해하기 위해 여기서는 선한 정감과 일반 정감을 병렬시켜 논의하고 있는 주자학의 구절들을 중심으로, 주자학의 기본 입장과 논쟁의 가능성을 살펴보기로 한다.

"선한 정감(사단)은 이치가 정감으로 드러난 것이고, 일반 정감(칠정)은 기가 정감으로 드러난 것이다"라고 하자, 묻기를 "기쁨喜·노함怒·사랑愛·미움惡·욕구欲를 보면 오히려 인함仁이나 의로움義에 가까운 것 같습니다"라고 했다. 그러자 "원래 비슷한 측면이 있다"라고 대답했다.

『주자어류』「공손추상지하」

이황과 기대승의 사단칠정 논쟁 과정에서 이황이 힘을 얻게 되었던 구절이다. 정감의 문제를 형이상학 이론인 리기론과 연결해서 논의하는 몇 안 되는 경우이다. 여기에서 주희는 선한 정감을 직접 이치와 연결시키고 일반 정감을 기에 연결시킨다. 사실 '선함'이라는 측면에서 보면 선한 정감은 본성이 정감의 형태로 드러난 것이기 때문에 이치와 연결되고, 일반 정감은 정감이 가진 위태함을 그대로 가지고 있으므로 기와 연결시킬 수 있다. 주희도 원론적으로는 이와 같은 입장을 긍정하고 있다.

그러나 그 이후 나온 질문과 답은 또 다른 입장을 보여준다. 기쁨·노함·사랑·미움·욕구는 일반 정감이고 인함이나 의로움은 도덕 덕목이다. 다시 말해 본성의 영역이다. 그런데 질문자는 이러한 도덕 덕목도 기쁨·노함·사랑·미움·욕구와 큰 차이가 없다는 사실을 묻고 있다. 즉 타인에 대한 기쁨이나 사랑은 인함과 유사하고, 노함이나 미움과 같은 정감은 의로움과 유사하다고 보았던 것이다. 이러한 질문에 대해 주희는 원래 비슷한 측면이 있다면서 긍정하는데, 이러한 긍정은 드러나는 정감의 양상에서 보면 차이가 없다는 사실을 받아들인 것이다. 다만 이치가 선함과 관계되고, 일반 정감은 기와 관계된다는 사실 정도를 이 구절에서 말하고 있는 것으로 이해된다.

그러나 이외의 구절에서 주희의 입장을 살펴보면, 선한 정감과 일반 정감의 근거를 각각 달리하고 있지 않다는 생각을 할 수 있다. 정감의 형태에서 선한 정감과 일반 정감을 같이 보려는 입장이 동시에 제시되고 있기 때문이다.

"기쁨喜·성냄怒·슬픔哀·두려움懼·사랑愛·미움惡·욕구慾는 사람의 일반 정감七情으로, 굳이 말한다면 이 또한 본성이 정감으로 드러난 것입니다. 다만 미움은 부끄러워하는 마음으로부터 드러난 것이고, 기쁨과 성냄, 사랑, 욕구는 측은하게 여기는 마음으로부터 드러난 것 같습니다"라고 묻자, 선생은 다음과 같이 대답했다. "그러면 슬픔이나 두려움은 어디에서 드러난 정감인가? 보기에 이것 또한 측은하게 여기는 마음에서 드러난 정감인 것 같다. 대개 두려움은 무섭고 근심하는 마음이 심해진 것이다. 그러나 일반 정감을 선한 정감과 구별하여 상대시킬 수는 없으니, 일반 정감은 선한 정감을 횡으로 꿰뚫고 있는 것일 뿐이다."

『주자어류』「예운禮運」

사실 선한 정감과 일반 정감의 관계에 대한 것이라고 보기에는 어려운 내용이기도 하다. 다만 질문과 대답에서 보이는 기본 입장이 무엇인지는 확인 가능하다. 다른 사람을 측은하게 여기는 마음과 타인에 대한 사랑의 정감이나 슬픔의 정감은 정감의 형태에서 보면 유사하다. 즉 측은하게 여기는 마음은 주로 사랑이나 슬픔, 분노와 같은 정감으로 드러나기 때문이다. 어떤 경우는 다른 사람이 최악의 상황에 처하는 것을 볼 수 없는 두려움과 궤를 같이하기도 한다. 다른 사람을 측은하게 여기는 마음이 따로 있고, 일반 정감이 따로 있는 것이 아니라는 말이다. 제자들의 질문도 이와 같은 기반에서 나왔고, 주희의 대답 역시 그러하다.

선한 정감이 본성에 근거하는 것은 사실이지만, 그것이 드러나는 양상은 일반 정감과 다르지 않다는 사실을 드러내고 있다. 이러한 입장은 일반 정감이 원론적으로 선한 본성이 드러난 양상이기도 하다는 의미이다. 즉 사람의 정감은 본성으로부터 나오지만 정감 자체가 일반 정감과 선한 정감으로 구분되지는 않는다. 다만 드러난 정감이 타인을 대상으로 하는 공적 정감이 되면 '선한 정감四端'이 되지만, 개인의 사적 욕망에 따른 정감이면 '선하지 않은 정감'이 된다. 이러한 이유에서 주희는 일반 정감을 선한 정감과 구별하여 따로 상대시킬 수는 없다고 생각했다.

이쯤 되면 주희가 왜 선한 정감과 일반 정감의 관계에 대해 거의 논의하지 않았는지 그 이유를 짐작할 수 있다. 물론 앞의 원문에서 주희는 선한 정감을 이치에, 일반 정감을 기에 위치시켰지만, 여기에서는 이 둘을 대립시켜 이해할 수 없다고 말한다. 원론적으로 주희는 일반 정감과 선한 정감을 구분하지 않았으며, 그것이 어떠한 방식으로 드러나는가의 문제로 이해하고 있는 것이다.

【 주희 8 】 원문14

> 유기부劉圻父가 일반 정감을 선한 정감과 구별하여 상대시키는 것에 대해 묻자 선생께서는 "기쁨·성냄·사랑·미움은 인함이나 의로움이고, 슬픔과 두려움은 예禮를 주로 하며, 욕구는 물과 같아서 지혜로움이라고 할 수 있다. 하지만 이것은 거칠게 말한 것일 뿐, 실제로 나누기 어렵다"라고 대답했다.
>
> 『주자어류』 「예운」

여기에서도 주희의 기본 입장은 '나누기 어렵다'고 한 데에서 읽어야 할 것 같다. 의로움이 드러나는 방식은, 악에 대한 분노나 미움 또는 인함이 드러나는 방식은 기쁨이나 사랑과 같은 정감이라는 사실을 통해 정감의 양상 자체를 구분하기는 어렵다고 말한다. 분명한 구분점을 가지고 드러나게 되면 그 기준에 따라 선한 정감과 일반 정감을 나누겠지만, 선한 정감은 정감이 공적 관계의 정감인지 그렇지 않은지에 따라 결정되므로 구분 짓기 쉽지 않다.

사촌이 땅을 산 것에 대한 기쁨이나 친구 아버지의 죽음에 대한 슬픔은 '인함'을 드러내는 정감이며, 범죄 현장에서 범죄자에게 품는 분노와 범죄의 피해자에 대해 솟는 슬픔은 '의로움'을 드러내는 정감이므로, 형태만 가지고 선한 정감과 일반 정감을 구분할 수는 없다. 주자학 내에서는 선한 정감과 악한 정감은 대립적 요소를 갖지만, 정감 일반은 선한 정감을 포함하는 상위 개념이므로, 이 둘을 대립시켜 이해할 수는 없다. 이것이 바로 주희의 입장이다. 이와 같은 주희의 생각은 결국 일반 정감(칠정)이 인의예지와 같은 도덕 본성을 드러내는 주체임을 의미하는 것이기도 하다.

04

단계

사단칠정 논쟁과 선한 정감의 근거

단계 설명 ⊙ 사단칠정 논쟁에서 드러난 선한 정감과 일반 정감의 관계

의미　　⊙ 선한 정감의 근거에 대한 입장과 그것을 기반으로 한

　　　　　이기론 및 공부론의 차이

원문 대상 ⊙ 이황, 기대승

논쟁의 발단

이제 본격적인 논쟁을 원문을 통해 즐길 시간이 되었다. 이 메인 요리를 위해 앞에서 얼마나 많은 애피타이저를 내놓아야 했는지 모른다. 하지만 여전히 메인 요리는 숙성이 덜 되고 제대로 익지 않은 고기와 같아서 딱딱하고 질길 것이다. 다만 제대로 씹었을 때는 고전이 주는 맛과 오랫동안 선한 정감을 확보하기 위해 고민했던 사람들의 정신세계가 내 정신 건강을 위한 영양소로 배달될 것이다. 필자는 본격적인 내용에 들어가기 전에 다

시 한번 논쟁의 쟁점을 상기시키고자 한다. 선한 정감은 어디로부터 오는 걸까? 앞서 몇 번 이야기했듯, 주자학 내에서 사람의 정감은 하늘이 사람에게 부여한 이치로부터 나온다. 그런데 우리가 주자학의 일반론을 조금만 논리적으로 따져보면 몇 가지 문제가 생긴다.

주자학 원론에 따르면 정감은 이치理인 본성이 기氣인 정감으로 드러난 것이다. 이렇게 보면 일반 정감七情 역시 이치가 기로 드러난 것이고, 선한 정감은 그 가운데 선한 영역만을 가리킨다. 그런데 일반 정감은 공적 정감으로 드러나기도 하고 사적 정감으로 드러나기도 한다. 즉 선한 행동을 유발할 수 있는 근거이기도 하지만, 동시에 그로부터 악한 행동도 유발된다. 이러한 문제는 이후 해석자들로 하여금 두 가지 논리적인 선택치 앞에 서게 한다.

하나는 선한 본성이 그대로 정감으로 드러난 것을 선한 정감이라고 이해함으로써, 일반 정감을 선한 정감과 분리시켜 바라보는 것이다. 다시 말해 선함이라는 사람의 본성을 하늘의 이치와 연결시키고, 그것이 정감으로 드러난 최종 형태를 선한 정감으로 바라보는 것이다. 이렇게 되면 일반 정감은 기의 영역에서만 이해된다. 즉 본성은 선한 정감으로 기는 일반 정감으로 드러나므로, 마음은 선한 정감과 일반 정감이 대립해 있는 양상으로 이해된다. 정감 속에서 선과 악을 명시적으로 구분하면서 나타나는 입장이다.

이에 비해 또 다른 하나는 선한 본성이 정감의 형태로 드러났다는 입장을 그대로 고수하는 것이다. 앞서 살펴본 주자학의 일반론은 여기에 가깝다. 선한 본성은 이치이고 그것이 기의 형태로 드러난 것이 바로 일반 정감이다. 정감 역시 이치와 기의 결합으로 여기면서, 그 속에는 이치인 선한 본성이 들어 있다고 보는 것이다. 이러한 정감에는 선한 본성을 왜곡시키지 않고 정감으로 드러나는 것도 있고, 사욕에 의해 본성이 왜곡되어 드러나는 정감도 있다. 전자가 선한 정감으로, 후자가 선하지 않은 정감으로 발전한다. 이 경우 정감 자체는 선과 악으로 구분할 수 없고, 그것이 어떠한 상황과 만난 후 비로소 선악의 형태를 띤다.

그런데 이렇게 보면 전자는 선함의 영역을 명시적으로 구분해냄으로써 선한 정감을 확보하는 것이 비교적 쉽다. 하지만 후자는 정감으로 드러난 상태에서 각각의 상황에 따라 공적 정감이 일어날 수 있도록 해야 한다. 이치와 기의 관계 속에서는 선과 악을 나눌 수 없기 때문이다. 선한 정감에 대한 확보도 어려워지고, 그것을 확보하기 위한 수양의 방법 역시 쉽지 않다. 논쟁은 이 지점에서 발생한다. 이황은 선과 악을 명시적으로 구분하고, 선한 정감의 근거를 분명히 하려고 시도하면서 전자의 입장에 선다. 이에 비해 기대승은 주자학의 일반론에 좀더 치중하면서 후자의 입장을 지지한다. 이러한 이해의 기반 위에서 논쟁의 발단이 되는 말들을 살펴보자.

【이황 1】 원문15

여러 동학同學들 사이에서 선한 정감四端과 일반 정감七情의 관계에 대한 논의가 있었다는 사실을 전해 들었습니다. 내 생각에도 지난번에 내가 말한 것에 잘못된 부분이 있어서 사리에 맞지 않는다고 생각했는데, 마침 공의 지적과 비판을 받고 보니 나의 논의가 너무 소략하고 잘못되었다는 사실을 더 잘 알게 되었습니다. 이 때문에 지난번에 "선한 정감은 이치理에서 드러난 정감이고, 일반 정감은 기氣에서 드러난 정감이다"라는 말을 "선한 정감은 순수한 이치가 정감의 형태로 드러난 것이기 때문에 선하지 않음이 없고, 일반 정감은 순수한 이치에 기를 겸하고 있기 때문에 선함도 있고 악함도 있다"라고 고쳤습니다. 이렇게 말하면 잘못된 점이 없을는지 모르겠습니다.

『양선생사칠리기왕복서兩先生四七理氣往復書』「퇴계여고봉서退溪與高峰書」

여기에서 다시 한번 상기해야 할 것이 있다. 이황과 기대승의 사단칠정 논쟁은 원론적으로 주자학 내부의 논쟁이다. 주자학의 이론적 구조 내에서 해석 상의 차이로 생긴 논쟁으로, 논쟁의 당사자들 모두 주자학에 대한 전적인 신뢰를 기반으로 한다. 따라서 주희가 했던 말이나 주자학 원론에 대해서는 어떤 방식으로건 동의하며, 해석의 차이도 주희의 입장을 빌려서 나타낸다.

이황 역시 자신의 입장이 주자학의 원론이라는 측면에서 논쟁의 단서를 제공할 것이라고 예상했다. 선한 정감을 이치의 영역으로, 일반 정감을 기의 영역으로 치환시키는 것이 논란의 단서가 될 수 있음을 알고 있었다. 이미 마음의 활동으로 드러난 정감이라는 측면에서 보면 그것은 당연히 기의 활동성이 중심이 되는데, 선하다는 이유로 이치로만 치환시켜놓았기

사단칠정 자세히 읽기

때문이다.

이러한 이유에서 그는 기존 입장에서 약간 후퇴하여 일반 정감도 이치에서 드러난다는 사실에 동의하되, 그것이 선할 수도 있고 악할 수도 있는 가능성을 제시해주는 쪽으로 말을 바꾸었다. 이에 비해 선한 정감은 여전히 '이치'와 관련시켜 그 선함을 보증하려 했다. 이와 같은 이황의 입장에 대해 기대승은 다음과 같이 반박하면서 논쟁이 불붙듯이 타오른다.

【 기대승 1 】 원문16

나중에 삼가 보내주신 편지를 받으니 그것을 "선한 정감四端은 순수한 이치가 정감의 형태로 드러난 것이기 때문에 선하지 않음이 없고, 일반 정감七情은 순수한 이치에 기를 겸하고 있기 때문에 선함도 있고 악함도 있다"라는 말로 고치셨더군요. 이렇게 말씀하시니 지난번에 "선한 정감(사단)은 이치理에서 드러난 정감이고 일반 정감은 기氣에서 드러난 정감이다"라고 말씀하신 것보다는 의미가 분명해졌지만, 제 생각에는 여전히 문제가 남아 있습니다. 선한 정감과 일반 정감을 대립시켜 말하고 「천명도」에도 그렇게 표시함으로써 어떤 것은 선하지 않음이 없고 어떤 것은 선함도 있고 악함도 있다고 말한다면, 사람들은 이것을 보고 마음속에 두 가지 정감이 있는 것처럼 생각할 것입니다. 비록 두 가지 정감이라고 의심하지 않는다고 하더라도 정감 가운데 각기 다른 두 가지 선함이 있어서 하나는 이치에서 드러나고 또 다른 하나는 기에서 드러난 것이라고 의심하게 될 것이니, 이 역시 온당치 않습니다.

『양선생사칠리기왕복서』「고봉답퇴계논사단칠정서高峯答退溪論四端七情書」

기대승은 이황의 편지를 받고 기존의 입장보다는 나아졌다는 데 대해서는 긍정한다. 하지만 여전히 정도의 차이만 있을 뿐 근원적인 측면에서 용인할 수 없는 부분이 있다. 그렇다면 기대승이 보기에 선한 정감을 이치로, 일반 정감을 기로 치환시키려는 이황의 입장에 어떤 문제가 있는 것일까?

기대승은 우선 기존 입장에 대한 자신의 생각을 밝힌다. 그가 보기에 "선한 정감(사단)은 이치理에서 드러난 정감이고 일반 정감(칠정)은 기氣에서 드러난 정감이다"라는 말을 해석하면, 마음속에는 이치에서 나온 선한 정감과 기에서 나온 일반 정감이라는 두 가지 정감이 존재한다. 마음의 활동인 정감이 하나가 아니라, 근거를 달리하는 두 개의 다른 정감이 존재하는 것이다.

이황이 수정해서 보낸 입장은 여기에서 한발 물러섰지만 여전히 문제는 남아 있다. 선한 정감은 그 자체로 선한 정감이고, 일반 정감 속에는 선한 정감도 있고 악한 정감도 있다. 이렇게 되면 하나는 이치에서 드러나는 선한 정감이 있고 또 다른 하나는 기에서 드러나는 선한 정감이 되는데, 이것 역시 문제가 된다. 논리적으로 보면 각기 다른 근거에서 발생한 두 가지의 선함이 마음속에 자리하게 되기 때문이다.

사단칠정 자세히 읽기

이와 같은 비판에 직면한 이황은 자신이 왜 이렇게 선한 정감과 일반 정감을 나누어 이치와 기의 영역으로 치환시키려 했는지를 우선 설명해야 할 필요가 생겼다. 선한 정감과 일반 정감에 대한 이황의 기본 입장을 엿볼 수 있는 대목이다.

【이황 2】 원문17

지난번 정지운鄭之雲이 「천명도天命圖」를 지을 때, "선한 정감(사단)은 이치理에서 드러난 정감이고 일반 정감(칠정)은 기氣에서 드러난 정감이다"라고 말했습니다. 그런데 내 생각에도 이렇게 나누어 보는 것이 지나쳐서 행여 논쟁의 단서를 제공하지 않을까 염려하였습니다. 그래서 내가 선한 정감에 대해서는 '순수한 선함'으로, 일반 정감에 대해서는 '기를 겸한다'는 말로 고쳤습니다. 이것은 이치와 기, 그리고 선한 정감과 일반 정감을 서로 근거지어 분명하게 말하려고 했던 것이지, 나의 말에 아무런 잘못이 없다는 뜻은 아닙니다.

『양선생사칠리기왕복서』「퇴계답고봉사단칠정분리기변退溪答高峰四端七情分理氣辯」

논쟁을 통해 기대승의 비판을 받은 이황은 스스로도 '말에 아무 잘못이 없다는 것은 아니다'라는 사실을 인정한다. 다만 이렇게 말함으로써 선한 정감과 일반 정감의 근거를 분명히 하려 했던 것이다. 즉 선함은 이치(리)의 영역에서 이해해야 하고, (선과) 악으로 나누어질 가능성을 가진 것은 기의 영역에서 이해해야 한다는 당위를 분명히 함으로써, 선한 정감의 근거를 선한 본성으로부터 바로 확보하려 했던 것이다.

이러한 이유에서 이황은 선한 정감을 이해할 때 '선하다는 속성'을 강조하고, 선함의 근거를 이치理와 연결시켰다. 이에 비해 일반 정감은 '기를 겸하고 있기 때문에 선과 악의 가능성을 모두 가졌다'고 말하면서, 이를 기의 영역으로 치환시킨다. 이황이 이렇게 기의 영역으로만 치환시켰던 것은 일반 정감이 가진 악하게 될 가능성 때문이다. 악함을 막기 위해 일반 정감을 별도로 분류해야 할 필요에 따른 것이다. 이처럼 선함과 악함을 명시적으로 구분하려 했던 이황의 입장이 선한 정감과 일반 정감을 명시적으로 나누어 보는 입장으로 드러났던 것이다.

선한 정감과 일반 정감: 대립적 관계인가 포함 관계인가

사단칠정 논쟁의 문제는 비교적 단순하다. 선한 정감을 이치로, 일반 정감을 기로 치환시킬 수 있을지, 없을지에 대한 문제인 것이다. 이황의 이러한 입장에 대해 기대승은 큰 틀에서 두 가지 문제를 제기하는데, 이것은 내부적으로 복잡한 논쟁을 유발한다. 그렇다면 기대승이 제시한 큰 틀에서의 문제는 어떠한 것인가?

하나는 선한 정감과 일반 정감을 대립시킴으로써 마치 마음속에 두 개의 정감이 있는 것처럼 보이거나 또는 각기 다른 두 종류의 '선함'이 마음

속에 있는 것처럼 보인다는 점이다. 마음이 하나의 이치와 하나의 기로 이루어진 것처럼, 본성과 정감도 각각 하나여야 한다는 말이다. 따라서 선한 정감과 일반 정감은 하나의 정감에 대해 각기 다르게 이름 붙여진 것이라고 말한다.

또 다른 하나는 선한 정감과 일반 정감을 이치와 기로 치환시키면서, 이치와 기의 관계에 대한 주자학의 일반적인 규정, 그리고 이치에 대한 주자학의 일반적인 해석에 문제가 발생할 수 있다는 것이다. 이치와 기는 '결코 섞이지도 않지만', 그것이 정감이나 마음과 같은 확인 가능한 존재 형식으로 드러났을 때에는 '결코 떨어져 있지 않은 상태'로 설명되어야 한다. 그래야만 이치가 기를 통해 그 존재의 양상과 속성을 드러낼 수 있는데, 이황처럼 말하게 되면 우선 이치와 기가 서로 너무 섞여 있지 않은 상태로 설정된다. 더불어 이치와 기가 각각 달리 설정됨으로써 이치 역시 자체의 능동성을 지녀 기를 제어할 수 있도록 해야 한다. 이는 주자학에서 능동성을 기의 영역에 배치한 기본 입장과 다르다.

전체 논쟁은 이 두 가지 입장 차가 중심을 이룬다. 다만 이를 위한 다양한 논거와 입장 반박들이 이어지면서 여러 갈래의 논의로 나뉜다. 따라서 우리는 큰 틀에서 이 두 입장 차이를 확인하는 쪽으로 정리하되, 그 세부의 기본 입장들을 명시화하여 논쟁을 이해해보기로 한다. 우선 이번 장에서는 첫 번째 논의, 즉 선한 정감과 일반 정감의 관계에 대해 살펴보자.

중심을 두는 것이 다르다

이황의 첫 번째 간략한 편지에 대해 기대승은 사단칠정 논쟁과 관련한 첫 번째 편지를 쓴다. 여기에서 기대승은 선한 정감과 일반 정감은 결코 두 가지 뜻을 가진 각기 다른 존재가 아니라는 사실을 강조하면서, 이 둘을 대립시켜 볼 수 없다고 말한다. 이로써 선한 정감과 일반 정감을 각각 이치와 기에 치환시킴으로써 이 둘을 대립적으로 보려 했던 이황에 대한 직접적인 비판까지 담아낸다.

【 기대승 2 】 원문 17

이치는 기를 주재하고, 기는 이치가 주재하는 대로 존재를 형상화하는 것이므로, 이치와 기는 구분이 됩니다. 그렇지만 그것이 사물로 형성된 후에는 섞여 있어서 구분할 수 없습니다. 그러나 이치는 매우 미미하지만 기가 드러나는 것은 강하기 때문에 이치는 조짐도 없고 기는 그 흔적이 분명합니다. 따라서 이치가 기와 합해져서 세상의 다양한 변화나 사물들의 속성, 운동 등으로 드러나는 과정에서는 '지나치거나 모자라는 차이'가 없을 수는 없습니다. 이 때문에 선한 본성이 일반 정감으로 드러날 때에 선하기도 하고 악하기도 하며, 본성의 본래 모습이 그대로 드러나지 않을 수도 있습니다. 선함은 하늘이 사람에게 명한 본래의 모습이고 악함은 기가 합해져서 정감으로 드러날 때 지나치거나 모자람이 있어서 그렇게 되는 것입니다. 그러므로 선한 정감과 일반 정감은 처음부터 결코 두 가지 뜻이 있었

사단칠정 자세히 읽기

던 게 아닙니다.

『양선생사칠리기왕복서』「고봉상퇴계사단칠정설高峰上退溪四端七情說」

기대승이 주목한 것은 이미 '드러난 양상'이다. 이치와 기가 합쳐져서 정감이나 운동, 사물과 같은 '존재의 형태'로 드러난 것은 이치와 기의 구분이 어렵다. 합쳐지기 전에는 이치의 속성과 기의 속성을 구분해서 이해하는 것이 가능하지만, 특정 사물이나 정감의 형태로 드러나면 그것은 이치와 기가 합쳐져 있는 상태이기 때문이다. 이러한 상태를 가지고 다시 이치의 영역으로 소속시킬 수 있는 것과 기의 영역으로 소속시킬 수 있는 것을 찾는 것은 이론적 모순일 수밖에 없다.

기대승의 정감에 대한 기본 관점은 여기에 따른다. 정감이란 이미 이치와 기가 결합해서 드러난 양상이다. 본성이 정감의 형태로 드러난 것이며, 따라서 이렇게 드러난 정감에서 이치와 기를 분리시키는 것은 옳지 않다. 기대승은 이와 같은 입장에서 정감 그 자체에 주목할 것을 주문한다. 여기에서 기대승은 본성과 정감의 차별적 구조를 분명히 하려 한다. 사람이나 동물, 식물을 막론한 모든 존재가 하늘의 이치를 받아서 형성될 때, 하늘의 이치는 그 자체 완성된 원리이므로 태극이라는 본체와 질적 차별성을 갖지 않는다. 그런데 어떤 이치는 사람이 되고, 어떤 이치는 돌이 된다. 이렇게 되는 이유는 바로 기가 각 존재의 다양한 양상을 규정하고, 이치는 그러한 양상들의 이치로서 존재하기 때문이다.

사람 역시 마찬가지이다. 본성은 하늘의 이치이므로, 모든 사람에게서 이것은 동일하다. 그러나 사람의 정감에 따라 본성이 그대로 실현되는 경우도 있고 그렇지 않은 경우도 있다. 본성이 문제가 아니라, 정감에 따라 선과 악이 나누어지는 것이다. 선과 악은 정감에 따른 문제이지 본성과 관련된 것이 아니라는 말이다. 기대승은 선과 악을 포함하고 있는 정감 그 자체를 모두 일반 정감이라고 한다. 선한 정감은 일반 정감 가운데 선한 것만을 가리킨 것이라는 말은 여기에서 나온다. 이러한 이유에서 기대승은 '처음부터 결코 두 가지 뜻이 있었던 것이 아니다'라고 말한다. 본성에서 정감이 나오는 것이지, 일반 정감과 별도로 본성으로부터 선한 정감만을 만들어내는 '하이패스 차선'이 존재하는 것은 아니라는 의미이다.

　기대승의 이 같은 비판에 이황은 원론적으로는 동의하면서도 선한 정감과 일반 정감을 구분해서 말하는 이유가 있다는 것을 분명히 한다. 각각의 근거에 따라 중심을 두고 말하는 것에 차이가 있다는 입장은 여기에서 나온다.

【이황 3】 원문 19

　다른 사람을 측은하게 여기는 마음惻隱之心, 자신의 잘못에 대해 부끄러워하는 마음羞惡之心, 다른 사람의 호의나 친절에 대해 사양하는 마음辭讓之心, 자신의 행동에 대해 잘잘못을 가릴 수 있는 마음是非之心은 어디로부터 온 것일까요? 인함仁·의로움義·예의禮·지혜로움智과 같은 본성性으로부터 온 것입니다. 그러면 기

뿜喜·성냄怒·슬픔哀·두려움懼·사랑愛·미움惡·욕구慾는 어디로
부터 온 것일까요? 바로 마음 밖에 있는 사물 및 다양한 사건이
사람의 오관五官에 접하게 되고, 그것이 마음을 움직여 각 환경
에 따라 정감으로 드러난 것입니다. 선한 정감이 활동하게 되는
곳을 맹자는 '마음'이라고 하셨는데, 마음이란 이치와 기가 합쳐
져서 이루어진 것입니다. 그런데 유독 이치 위주로 말씀하셨던
것은 왜일까요? 인함·의로움·예의·지혜로움과 같은 본성이 순
수하게 정감 속에 자리 잡고 있고, 이 네 가지 선한 정감은 그 단
서가 되기 때문입니다.

일반 정감이 마음속에서 움직이는 것에 대해 주희는 하늘이 부
여한 당연한 법칙當然之則이 있다고 말씀하신 것을 보면 여기에
이치가 없는 것은 결코 아닙니다. 그런데 유독 그것을 가리켜 말
하는 것이 기를 위주로 하는 것은 왜일까요? 마음 밖에 있는 사
물 및 다양한 사건과 감응할 때 가장 먼저 움직이는 것이 바로
'몸의 욕구와 관련된 사람의 기질形氣'들인데, 이러한 기운의 실
마리가 일반 정감이기 때문입니다. 마음이 활동하지 않는 상태
는 순수한 이치지만, 그것이 정감으로 드러나자마자 기가 섞이
고 또 마음 밖의 사물이나 다양한 사건들과 감응하는 것은 몸의
욕구와 관련된 사람의 기질形氣입니다. 그러므로 드러나서 활동
하는 것이 어떻게 이치의 본래 모습이겠습니까?

선한 정감四端은 참으로 선하기만 하므로 '이 네 가지 정감이 없
으면 사람도 아니다'라고 말하는 것입니다. 그러므로 이러한 정

감은 '선한' 정감이라고 인정해야 합니다. 하지만 일반 정감七情은 아직 선과 악이 결정되지 않은 정감입니다. 그러므로 하나라도 똑바로 살피지 않게 되면 마음이 올바르지 않을 수도 있습니다. 따라서 정감의 활동이 각 상황에서 도덕적으로 딱 맞게 된 이후 라야 비로소 '조화로운 정감和'이라고 부릅니다. 이렇게 보면 선 한 정감과 일반 정감 모두 이치와 기의 결합이라고 말할 수 있지 만, 그 근거에 따라 각각 주된 것, 또는 중심을 두는 것이 다릅니다. 바로 이 점을 가리켜서 어느 것은 이치에서 나왔고 어느 것은 기에서 나왔다고 말하는 것입니다. 그런데 이것을 어떻게 있을 수 없는 것이라고 합니까?

『양선생사칠리기왕복서』 「퇴계답고봉사단칠정분리기변」

복잡하고 긴 원문이다. 논쟁의 과정에서 이황은 선한 정감과 일반 정감의 차이를 설명하는 데 많은 노력을 들이는데, 여기서는 '중심을 두는 것이 다르'기 때문에 차이가 있다는 사실을 논거로 제시한다. 이황 역시 기본적으로 선한 정감과 일반 정감 모두 정감이라는 사실을 인정하며, 선한 정감 역시 이치와 기의 결합이라는 사실 자체는 긍정한다.

다만 이황이 주목한 것은 선한 정감과 일반 정감이 드러나게 되는 이유와 근원에 차이가 있다는 점이다. 비록 형태 자체는 이치와 기의 결합으로 동일하지만, 선한 정감과 일반 정감이 드러나게 되는 원인에 차이가 있다. 선한 정감은 사람이 받은 선한 본성性이 그대로 정감으로 드러난 것이므로, 이치理가 그대로 정감이 된 것이다. 따라서 선한 정감은 이치를 중심으로 말한다.

이에 비해 일반 정감은 선한 본성에서 나오기는 하지만, 그것이 나오게 되는 이유는 마음 밖에 있는 사물이나 다양한 사건을 접하게 되기 때문이다. 보글보글 끓고 있는 된장찌개를 보면서 먹고 싶은 욕구가 일어나고, 아름다운 보석을 보면서 갖고 싶은 정감이 일어나는 것이다. 이황은 이렇게 일어나는 정감에 대해 '몸의 욕구와 관련된 사람의 기질形氣'로 인해서 드러나게 되는 것이라고 말한다. 따라서 그것이 비록 본성으로부터 정감으로 드러나기는 하지만, 외부 환경과 요소로 인해 반응하는 정감이므로, 사람의 도덕 본성이 그대로 정감으로 드러나지 않을 가능성이 크다.

이러한 이유에서 이황은 선한 정감이 '이치'인 도덕 본성을 위주로 하므로 '순수하게 선하다'고 말한다. 이에 비해 일반 정감은 마음 밖의 사건이나 환경으로 인해 마음이 움직여 정감으로 드러난 것이다. 이러한 정감은 드러나면서 기가 섞여 몸의 욕구와 관련된 형기의 영향을 받게 된다. 따라서 그것은 비록 이치와 기의 결합이라는 형태를 띠지만 선이나 악으로 결정되지 않은 상태이다. 어떠한 상황에서 도덕적으로 딱 맞는 정감이 발현된 이후 비로소 조화로운 정감이라고 말하는 이유이다. 이렇게 보면 일반 정감은 올바르지 않은 정감, 즉 악함의 가능성도 가진 정감이다. 이 때문에 이황은 선한 정감을 이치와 관련된 것으로, 일반 정감을 기와 관련된 것으로 분리시켜서 말했던 것이다.

가리켜 말하는 것이 다르다

기대승은 같은 정감이라는 이유에서 갈라 볼 수 없다고 했으며, 이에 대해 이황은 그것이 같은 정감이라 하더라도 외부적인 요인에 의해 발생하는 일반 정감과 달리 선한 정감은 본성에서 그대로 정감으로 드러나기 때문에 분명한 차이가 있다고 반박한다. 정감 가운데 '순수하게 선한 것'과 '선한 것도 있고 악한 것도 있는 것'을 구별하려 했던 것이다. 그러자 기대승은 선한 정감과 일반 정감에 대해 가리켜 말하는 것이 다를 뿐, 그 둘을 구분할 수 없다는 입장을 개진한다.

【기대승 3】 원문 19

선한 정감과 일반 정감이 원래부터 모두 정감이지만, 이렇게 이름이 다른 것은 가리켜 말한 바가 다르기 때문이 아니겠습니까? 제가 앞서 말씀드린 뜻도 이와 같고, 보내오신 편지 역시 이와 같다고 생각됩니다. 그런데 이른바 '가리켜 말하는 것이 다르다'라는 말은 저의 학설로 비추어보면 별다른 문제가 없으니, 본래는 다 같은 정감으로 말하는 관점이 다를 뿐이기 때문입니다. 그런데 보내오신 편지의 내용을 따져보면 선한 정감과 일반 정감은 각각 따로 근원이 있어 단순하게 가리켜 말하는 것이 다를 뿐인 것은 아닙니다. '가리켜 말하는 것이 다르다'는 말은 똑같지만, 선생님과 제가 중점을 두는 기본 입장에 차이가 있으니, 자세하게 살펴보아야 할 것 같습니다.

『양선생사칠리기왕복서』「고봉상퇴계사단칠정설」

기대승의 입장을 정확하게 말하면, "선한 정감과 일반 정감은 '가리켜 말하는 것에 있어서 차이가 있을 뿐' 정감이라는 사실은 동일하다"는 것이다. 기대승은 본성이 정감의 형태로 드러나서 마음의 활동이 된다고 생각했으며, 따라서 모든 정감은 동일하다. 다만 그러한 정감이 외부 상황, 예컨대 취객이 선로에 떨어진 것을 보는 순간 안타까움의 정감으로 드러난다면, 이것은 그 상황에 딱 맞는 도덕적 정감이다. 선한 정감이란 일반 정감 가운데 그 사람이 처한 상황에서 도덕적으로 딱 맞는 정감으로 발현된 경우를 의미하며, 이것을 가리켜 사단四端이라고 한다. 가리켜 말하는 것이 다르다는 말은 이러한 의미이다.

즉 이치와 기를 겸하고 있으면서 선도 있고 악도 있는 상태를 가리킨 것은 일반 정감이고, 그 가운데 선한 부분만을 가리켜 말한 것이 선한 정감이라는 말이다. 하나의 정감이지만, 바라보는 관점에 따라 일반 정감과 선한 정감이 나누어지는 것이다. 이처럼 기대승은 사람의 선한 정감을 사람이 가진 일반 정감 속에 있는 선한 단면으로 이해하여, 정감의 포괄적 범위 속에 포함되어 있는 개념으로 보았다. 그러나 이황의 입장은 이와 다르다.

선한 정감四端도 정감이고 일반 정감七情 역시 정감입니다. 그런데 이 둘 모두가 정말 같은 정감이라면 굳이 선한 정감이니 일반 정감이니 하면서 달리 부르겠습니까? 공께서 보낸 편지에서 말한 것처럼 '가리켜 말하는 바가 다르기 때문'입니다. 이치理와 기氣는 서로 짝하기 위해 기다리는 상태 그 자체가 본질적 모습體이며, 이 둘이 짝하여 합하게 되면 다양한 형태나 모습으로 드러나는 것用입니다. 진실로 이치 없는 기는 없고, 기 없는 이치도 없습니다. 이 때문에 가리켜 말하는 것이 다르다면 구별해야 마땅하겠지요. 옛날 성현들께서 언제 이치와 기에 대해서 말하면서 이 둘을 뭉뚱그려 하나의 존재에 불과하다고 하면서, 구별하지 않고 말한 적이 있었습니까?

「양선생사칠리기왕복서」「퇴계답고봉사단칠정분리기변」

논쟁이 주는 묘미는 상대편 논자의 비판과 그에 대한 가장 효과적인 답변, 그리고 그것을 통한 역공과 같은 다이내믹한 대화법에 있다. 앞서 본 것처럼 기대승은 일반 정감 가운데 선한 면만을 본 것이 선한 정감이므로 단지 가리켜 말하는 것이 다를 뿐 내용은 같다고 주장했다. 하나의 건물을 두고 하늘에서 본 것과 땅에서 본 것에 차이가 있는 정도이지, 건물은 하나라는 말이다.

이와 같은 기대승의 공격에 대해 이황은 동일한 말을 사용해서 방어와 공격을 동시에 진행한다. 이황은 기대승에게 다른 게 없다면 굳이 달리 부를 필요가 있는지를 묻는다. 가리켜 말하는 것이 다르다면, 그것에 따라 구별할 필요도 있다는 말이다. 건물을 볼 때 조감도와 평면도는 하나의 건물이라고 하더라도 각각의 필요에 따라 구분해서 그리는 것처럼, 그것이 관점의 차이에서건 근원에서 발생하는 이유가 다른 것이건, 다르게 말한다면 그 원리에 따라 구분해서 볼 필요가 있다. 이치 없는 기도 없고 기 없는 이치도 없겠지만, 그것이 무엇을 중심으로 말하는가에 따라 선한 정감이 되거나 일반 정감이 되며, 그러한 구분점은 받아들여져야 한다. 선한 정감과 일반 정감을 대립적 구조에서 이해해야 하는 이유이다.

근원이 다르다

그렇다면 이황이 이처럼 선한 정감과 일반 정감을 나누어 보려는 이유는 무엇이며, 반대로 기대승이 동일하게 바라봐야 한다고 생각했던 이유는 무엇일까? 이황은 선한 정감이 나오게 되는 이유도 달리 보지만, 동시에 그 근원 역시 다르다고 생각했다. 논쟁이 궁극적인 차이를 드러내고 있다.

공의 편지를 보니 '나 이황이 보낸 편지의 내용을 따른다면 선한 정감과 일반 정감에는 각기 다른 '근원所從來'이 있어서, 단순하게

가리켜 말하는 것이 다른 정도에 그치는 것은 아닙니다'라고 하
셨더이다. 나의 생각에도 선한 정감과 일반 정감이 비록 같은 정
감이지만 그 근원이 달라 옛날 성현들께서 이 둘을 구분해서 말
씀하셨던 것입니다. 만약 그 근원이 본래부터 다르지 않았다면
선한 정감과 일반 정감을 무엇 때문에 구분해서 말씀하셨겠습니
까? 공자의 제자들은 여기에 대해 미처 제대로 된 논의를 하지
못했는데, 그 이유는 자사께서 본성과 정감 전체를 말씀하셔서
그 근원에 대한 학설을 달리 제기할 필요가 없었기 때문입니다.
그러나 맹자께서는 정감만을 추려서 선한 정감을 말하셨는데,
이것을 가지고 '이치가 정감으로 드러난 것理發' 하나만을 가리켜
말한 것이라고 한들 무엇이 문제이겠습니까? 선한 정감의 근원
이 이미 이치理인데, 일반 정감의 근원이 기 아니고 무엇이겠습
니까?

『양선생사칠리기왕복서』「퇴계답고봉비사단칠정분리기변제이서退溪答高峯非四端七
情分理氣辯第二書」

선한 정감과 일반 정감의 '소종래所從來'가 다르다는 말은 두 정감이 나
오는 근원이 다르다는 뜻이다. 정감의 측면에서 보면 하나의 물줄기인 것
처럼 보이지만, 그 물이 흘러나오는 샘은 각각 다르다는 말이다. 이러한 이
유에서 이황은 선한 정감에 대해 하늘의 이치가 그대로 발현되어 정감의
형태로 드러난 것이라면, 일반 정감은 기의 활동성에 의해 발현되면서 이

치가 개입하는 형태로 드러난 것임을 명시한다.

이렇게 보면 선한 정감은 일반 정감과 달리 사람의 개인적 욕망이나 외부적 환경 요인에 의해 방해를 받는 정감이 아니다. 선한 정감이 선할 수 있게 정해져 있는 이유이다. 이러한 측면은 선한 정감도 잘못 적용될 수 있다는 주희의 입장이나 이를 이어받은 기대승의 입장과 분명한 차이가 있다. 선한 정감이라는 말 가운데 '선함'에 초점을 맞춘 것이다. 하늘의 이치인 선한 본성이 그대로 정감의 형태로 드러난 것이며, 이것은 이치의 능동적인 역할에 의해 이루어졌다고 말할 수 있다. 이와 같은 이황의 입장은 선함의 근거를 이치로부터 확보하려는 데에서 나온다.

이에 비해 기대승은 정감의 형태 자체를 구분하려 하지 않는다. 그는 비록 시냇물이 어떤 경우는 왼쪽으로 흐르고 어떤 경우는 오른쪽으로도 흐르지만 그 근원은 본성 하나라는 것이다. 왼쪽으로 흐르는 시냇물은 '시냇물이 왼쪽으로 흐르는 것'이지 시냇물과 다른 별도의 '왼쪽으로 흐르는 시냇물'이 있는 것은 아니라고 여겼다. 즉 하나의 본성으로부터 하나의 정감으로 발현되며, 그 정감 속에 선한 정감도 있고 그렇지 않은 정감도 있다고 생각한 것이다. 비교적 긴 기대승의 말은 이러한 관점에서 이황의 입장을 비판한 것이다.

【기대승 4】 원문23

주자의 제자들 가운데에서도 "다른 사람을 측은하게 여기는 마음은 기氣이고, 이러한 마음이 일어날 수 있도록 하는 것이 바로 이치이다"라고 질문한 사람들이 있었는데, 이 말의 의미는 더욱 분명합니다. 선한 정감인 기는 이치에 따라 발현되는 것이므로, 이치를 마음대로 뒤흔드는 잘못을 범하지는 않습니다. 그런데 보내오신 편지에서 말씀하셨던 "일반 정감은 마음 밖의 사건이나 사물들에 감응해서 나온다"라는 것과 "몸의 욕구와 관련된 사람의 기질形氣에 의해 외부의 상황들과 감응한다"라는 것은 모두 타당하지 않은 것 같습니다. 특히 "몸의 욕구와 관련된 사람의 기질에 의해 마음 밖의 사물이나 다양한 사건과 감응하는 것이지 이치의 본체가 아니다"라고 말씀하신 것은 더더욱 옳지 못한 것 같습니다. 만약 보내오신 내용이 옳다면 일반 정감은 본성에서 벗어난 별개의 존재가 되니, 그렇게 되면 자사께서 '일반 정감 가운데 조화로운 정감和'이라고 말씀하신 것이 완전히 잘못되거나 적어도 옳지 않게 됩니다.

맹자께서 기뻐 잠을 이루지 못했을 때의 기쁨과 성왕이신 순舜임금이 네 명의 흉악한 사람을 죽였던 분노, 공자가 제자의 죽음 앞에서 애통하게 곡을 할 때의 그 슬픔, 공자의 제자인 민자건閔子騫·자로子路·염유冉有·자공子貢이 공자를 옆에서 모시고 있을 때의 공자의 즐거움 등은 하나라도 이치의 본래 모습 아닌 것이 있습니까? 보통의 평범한 사람에게도 하늘의 이치가 드러날 때가 있습니다. 가령 부모나 친척을 만났을 때 느끼는 기쁨, 다른 사람들이 장사지내거나 병들어 힘겨워하는 것을 볼 때 측은하게 느끼는 슬픔 등인데, 이 또한 이치의 본래 모습이 아니겠습니까? 이러한 몇 가지 정감이 모두 몸의 욕구와 관련된 기질形氣에 의해 이루어진 것이라고 말한다면 몸의 욕구와 관련된 기질과 본성·정감은 서로 관계가 없게 되니 어떻게 옳다고 하겠습니까? 보내오신 편지에서 "선한 정감은 모두 선하기 때문에 (이 네 가지가 없으면 사람이 아닙니다. 이에 그 정감에 대해서) 선하게 여길 수도 있다고 말합니다"라고 하셨는데, 저는 이 단락에서 선생님께서 하신 말씀이 바로 연평 이동 선생께서 '맹자의 학설이 자사로부터 나왔다'라고 말씀하신 것과 같은 것이 아닌가 생각합니다.

또 보내오신 편지에서 "일반 정감은 선과 악이 (정해지지 않은 정감입니다. 그러므로 하나라도 똑바로 살피지 않게 되면 마음이 올바르지 않게 될 수도 있습니다. 따라서 정감의 활동이 각 상황에서 도덕적으로 딱 맞게 된 이후라야 비로소) '조화로운 정감和'이라고 부르는 것입니다"라고 말씀하셨습니다. 그러나 저의 생각은 조금 다릅니다. 정자程子께서는 "기쁨·분노·슬픔·즐거움과 같은 정감으로 드러나지 않았을 때에 어떻게 불선함이 있겠는가? 그것이 정감으로 드러나서 각 상황에서 도덕적으로 딱 맞게 되면 그러한 정감에 따라 행하는 것마다 선하지 않음이 없다"라고 말씀하셨습니다. 이렇게 되면 선한 정감은 당연히 모두가 선하지만, 일반 정감 역시 모두 선한 것이 됩니다. 다만 그러한 일반 정감이 각 상황에서 도덕적으로 맞지 않게 드러나서 어느 한쪽으로 치우치면 악이 되므로, 어떻게 선과 악이 정해져 있지 않겠습니까? 그런데 선생님께서는 지금 "일반 정감에 대해 선과 악이 아직 정해지지 않았다"고 말씀하시고, 또 "그러므로 하나라도 똑바로 살피지 않으면 마음이 올바르지 않게 될 수도 있습니다. 따라서 정감의 활동이 각 상황에서 도덕적으로 딱 맞게 된 이후라야 비로소 '조화로운 정감和'이라고 부르는 것입니다"라고 말씀하시게 되면 일반 정감은 아주 번잡하고 아무 곳에도 쓸 데가 없어집니다. 하물며 정감으로 드러난 뒤에 각 상황에서 도덕적으로 딱 맞기 전까지의 상태는 또한 무엇이라고 하시겠습니까?

『양선생사칠리기왕복서』「고봉답퇴계논사단칠정서」

기대승은 일반 정감에 대해 '악의 가능성'을 가진 것으로 폄하하고 있는 이황의 입장에 대해 강하게 비판한다. 선과 악의 관계를 명확하게 정리하려 했던 이황이 악의 가능성으로서 일반 정감을 지목했기 때문이다. 이황은 일반 정감에 대해 마음 밖에서 일어나는 사건이나 상황들에 감응하여 형성되는 것이라고 말했다. 자신의 몸이나 사적 욕망과 관련된 형기가 특정 사건에 감응하는 것이다. 이 때문에 순수한 도덕 본성이 정감의 형태로 드러난 선한 정감과는 차이가 있다고 보았다.

그러나 기대승은 이와 같은 이황의 입장이 잘못되었다고 말한다. 일반 정감 역시 근원적으로 사람의 본성이 정감의 형태로 드러난 것이기 때문이다. 이와 같은 기반 위에서 기대승은 일반 정감이 각 상황에서 도덕적 정감의 형태로 드러나는 다양한 예를 제시한다. 예컨대 흉악한 범죄자에 대한 경찰관의 분노나 부모를 섬길 때 느끼는 기쁨, 친구 부모님이 돌아가신 장례식장에서 함께 느끼는 슬픔, 그리고 봉사활동에서 느끼는 뿌듯함 등은 일반 정감이지만 동시에 선한 정감이다. 일반 정감이 각 상황에 맞게 드러난 조화로운 정감이 바로 선한 정감이지, 별개의 선한 정감이 존재하는 것은 아니라는 사실을 보여주는 것이다.

이 같은 기대승의 입장에 따르면 일반 정감은 선한 정감이 나올 수 있는 근거이다. 물론 그것이 악함으로 흐를 가능성도 배제할 수는 없지만, 원론적으로 일반 정감이 있어야 선한 정감의 형성도 가능하다. 악으로 흐르는 것은 이러한 일반 정감이 자신의 개인적 욕망에 따라 한쪽으로 치우치기 때문에 일어나는 결과이지, 일반 정감 그 자체가 악함으로 규정될 수는 없다. 이와 같은 기대승의 근본 입장은 마지막 원문에서 나온 것처럼 '정감情은 본성性이 활동의 형태로 드러난 것이다'라는 주자학의 기본 입장에서 비롯된 것이다. 즉 '본성이 정감으로 드러난다性發爲情'는 주자학의 일반 명제에 따른 것으로, 마음의 활동을 이치인 본성과 기인 정감이 만나 이루어진 것으로 이해한 결과이다.

이렇게 되면 선과 악의 문제는 정감의 활동에 따른 결과로 귀결된다. 이황이 말하는 것처럼 선한 본성으로부터 그대로 선한 정감으로 이어지는 메커니즘이 아니라, 선한 본성은 일반 정감으로 드러나고, 그러한 일반 정감이 도덕적 판단을 필요로 하는 상황에서 도덕적으로 딱 맞는 공적 정감의 형태로 드러날 때 비로소 선한 정감이 된다. 따라서 수양의 대상은 일반 정감이 되며, 이것을 가지고 선한 정감을 만들어야 한다. 이황처럼 선한 본성에서 선한 정감으로 이어지는 길을 따로 설정하지는 않았던 것이다.

이치와 기: 떨어져 있는가 섞여 있는가

선한 정감과 일반 정감을 각각 이치와 기로 치환시킬지 말지에 대한 논쟁은 단순하게 정감의 문제에서 끝나지 않고, 이치와 기의 관계에 대한 문제로까지 번진다. 사단칠정 논쟁이 중대한 성리학적 논쟁으로 발전하게 되었던 이유이다.

이치와 기의 관계는 각각 보편과 특수를 대표한다. 보편적 개념인 이치가 특수한 속성들의 기와 합쳐져서 특정 사물이나 존재를 만든다는 주자학의 일반론은 여기에서 만들어진다. 이치는 보편으로서 특수氣들의 교집합이지만, 동시에 특수한 영역 하나하나와는 섞이지 않는다. 동시에 어떤 사물이나 존재가 형성되었을 때에 그것은 보편적 이치가 특수의 형태로 드러난 것이어서 이 둘이 합쳐져 있는 상태이기도 하다. 주자학에서 이치와 기가 섞여 있지도 않고 그렇다고 분리되어 있지도 않은 상태로 규정된 이유이다. 그런데 선한 정감과 일반 정감을 대립시키면서 그것을 이치와 기로 치환시키면 이치와 기의 관계 역시 분리되어 있는 상태를 중심으로 이해하게 되고, 반대로 하나의 정감이라고 주장하면 정감 속에서 이치와 기는 떨어져 있지 않은 상태로 이해하게 된다. 이황과 기대승 사이의 논쟁이 번져가는 과정이다.

이황은 정감이 분리되어 있지 않은 상태를 원론적으로 인정하되 섞여있지 않은 상태를 중심으로 이치와 기의 관계를 이해한다. 이에 비해 기대승은 섞여 있지 않은 상태를 원론적으로 인정하면서도 분리되어 있지 않은 상태를 강조한다. 점점 복잡해지는 논쟁 속으로 들어가보자.

이치와 기의 관계

기대승이 이황이 처음 보내온 편지를 받고 당장 문제를 삼은 것은 바로 이치와 기의 관계에 대한 것이다. 그는 선한 정감과 일반 정감을 대립시키는 과정에서 이치와 기도 너무 나누어 본다면서, 이황의 학설에 이의를 제기했다.

【기대승 5】 원문24

선생님께서 보내신 몇 단락을 살펴보면 선한 정감四端과 일반 정감七情의 원리와 그에 관련된 문제들을 아주 세밀하게 논하셨는데, 이것이 바로 편지의 핵심 내용입니다. 그렇지만 이치와 기를 너무 구분하여 말씀함으로써 이른바 기氣는 더 이상 이치와 기가 섞여 있는 것으로 말하지 않고 오로지 기만 가리키고 있습니다. 그렇기 때문에 선생님의 학설은 어느 한편으로 많이 치우치게 되었습니다.

『양선생사칠리기왕복서』「고봉답퇴계논사단칠정서」

선한 정감과 일반 정감의 관계를 논하는 과정에서 새로운 문제가 발생했다. 주자학의 원론에 따르면 이미 기의 형태로 드러나면 그 속에는 반드시 이치가 포함되어 있어야 한다. 이치는 기와의 결합을 통해 운동이나 활동, 존재의 양태 등으로 드러나기 때문이다. 그런데 기대승이 보기에 이황은 이치와 기를 너무 구분함으로써 기는 더 이상 이치와 섞여 있지 않은 존재로 전락하고 말았다.

이러한 기대승의 지적에 대해 이황은 이치와 기를 분별하지 않아서 모든 것을 기로만 파악할 가능성이 있다고 역으로 비판한다. 드러난 현상만 보게 되면 기로만 모든 것을 파악하게 되고, 이것은 이치를 드러내는 존재로서의 기라는 본래 기능을 잃어버릴 수 있다. 이황은 비록 섞여 있는 상태라고 하더라도, 선과 악의 근거를 명시적으로 구분해서 볼 필요가 있다고 생각했으며, 이로써 이치와 기의 관계를 더욱 강하게 구분한다.

【이황 6】 원문 25

그런데 지금 공公의 논변은 이것과 달리 선한 정감과 일반 정감을 합쳐 보기만을 좋아하고 나누어 보기를 싫어하며, 뭉뚱그려 보기를 즐겨하고 세세하게 나누는 것을 싫어합니다. 선한 정감과 일반 정감의 근원을 생각하지 않은 채 대강 '이치와 기를 겸하고 있다'느니, '선함도 있고 악함도 있다'느니 하면서 이 둘을 분별해서 말하는 것에 대해 옳지 않다고 말했습니다. 글 가운데 비

사단칠정 자세히 읽기

록 "이치는 매우 미미하지만 기는 드러나는 것이 강하기 때문에 이치는 조짐도 없고 기는 그 흔적이 분명하다"고 말씀하시긴 했지만, 끝에 가서 기가 자연스럽게 드러나는 것은 이치의 본체가 그렇게 되도록 한 것이라고 하였습니다. 이러한 입장은 결국 이치와 기를 하나의 존재로 여겨 구별할 것이 없다고 생각한 것입니다. 근세 나정암羅整庵이라는 학자가 '이치와 기는 각기 다른 두 개의 존재가 아니다'라는 학설을 제창하면서, 주자의 학설마저 틀렸다고 주장했습니다. 여기에 대해서는 내가 그리 똑똑하지 못하여 그 뜻이 무엇인지 정확하게 파악하지는 못하였지만, 보내신 편지의 뜻이 이러한 나정암의 설과 비슷하다고 말하려는 것은 아니겠지요?

『양선생사칠리기왕복서』「퇴계답고봉사단칠정분리기변」

편지에서 언급되는 나정암의 정암整庵은 호이고, 이름은 나흠순羅欽順(1465~1547)으로 중국 강서성江西省 사람이다. 그는 우주 본체에서 드러난 이치의 영역을 따로 인정하지 않았던 인물로, 모든 것은 기의 변화와 관련된 것이라는 관점을 펼쳤다. 주자학 진영에서는 이와 같은 나흠순의 학설에 대해 모두 비판적이었다.

이황이 나흠순을 끌고 온 것은 혹여 기대승의 학설이 자꾸 이치와 기를 같은 것으로 보다가 기의 활동만을 가지고 세상을 설명하려는 나흠순의 학설과 다르지 않게 될지도 모른다는 비판을 하기 위함이다. 이후 이황은 기대승에 대해 이러한 비판을 철회하지만, 그의 고민은 모든 우주의 근원이 되는 이치의 영역에 대해 명확하게 확정짓는 것이다. 이것이 있어야 사람에게서 선함이 확보될 수 있기 때문이다.

이황의 기대승에 대한 이 같은 비판은 보편적 개념으로서의 이치를 명확히 확보하고, 이것을 특수한 속성들의 집합(그중에는 악함도 들어 있다)인 기로부터 분리시켜내려는 의도에서 제기된다. 원론적으로는 모든 사물속에서 이치와 기가 결코 '떨어져 있지 않은 존재'임을 인정하지만, 그럼에도 불구하고 이황은 이 둘이 '완전하게 하나의 존재인 것처럼 섞여 있지도않다'는 사실에 무게중심을 둔다. 선함을 원론적인 차원에서부터 확보해내려는 이황의 노력이 읽히는 대목이다. 이러한 입장에서 이황은 이치와기의 관계에 대해서도 좀더 대립적인 각도에서 읽을 것을 강조한다.

【이황 7】 원문 26

보내온 편지에 '천지와 인물을 이치와 기로 구별하여 말하는 것은 별다른 문제가 없다'고 했고, '본성의 측면에서만 말하면 이치가 기 가운데 들어 있는 것이지만, 정감의 측면에서 말하면 본성이 사람의 욕구나 다양한 기질과 관련되므로 이치와 기를 겸하고, 선함도 있고 악함도 있으므로, 본성과 정감을 이치와 기에 각각 분속시키는 것은 타당하지 않은 것 같다'고 했습니다.

그러나 내 생각에 천지와 인물을 가지고 말을 해도 이치가 기 밖에 별도로 존재하는 것은 아닙니다. 그럼에도 불구하고 그것을 이치와 기로 나눌 수 있다면, 본성과 정감 역시 각각 이치와 기로 나누어서 말할 수 없겠습니까? 비록 '이치가 기 가운데 들어 있다'거나 '본성이 사람의 욕구나 다양한 기질과 관련된다'고 말하기는 하더라도, 본성을 이치로 정감을 기로 나누어 말할 수는 있습니다. 사람의 몸은 이치와 기가 결합해서 생겨난 것이므로, 이치와 기가 드러날 때에는 어느 하나가 주도적으로 드러나려 하면 반드시 다른 하나가 그 뒤를 따르는 형국을 취하게 됩니다. 이렇게 이치와 기 둘 모두가 합쳐서 드러나기는 하지만, 각각 그 드러나는 양상을 주도하는 것이 있음을 알 수 있고, 뒤따르는 형국이라고는 하지만 이미 그 속에는 다른 하나가 함께해야 드러난다는 사실도 알 수 있습니다. 따라서 드러난 양상만을 가지고 보면 이치와 기가 모두 함께 있으므로 이 둘을 섞어서 말할 수도 있지만, 동시에 각각 '주도하는 것'이 있기 때문에 분별해서 말해도 문제되지 않습니다.

본성만을 가지고 말하면 이치가 기 속에 들어 있는 것인데, 자사와 맹자께서는 그 가운데 있는 이치의 측면만을 보고 '하늘로부터 부여받은 본래의 본성本然之性'을 가리켜 말씀하신 반면, 정이와 장재는 그 가운데 있는 기의 측면을 보면서 '기질과 결합되어 있는 본성氣質之性'을 가리켜 말씀하셨습니다. 정감을 가지고 말하면 본성이 기질 속에 들어 있는 것인데, 유독 정감만을 논할 때 그 드러난 양상을 주도한 것에 따라 선한 정감과 일반 정감의

'근원'을 나누는 것이 옳지 않다고 하십니까? 이치와 기를 겸하고 선과 악을 함께 가진 것은 정감만이 그러한 것이 아니라, (본연지성과 기질지성에서 보듯) 본성 역시 그러한데, 어떻게 이것을 가지고 나눌 수 없는 근거로 삼습니까? 이치가 기 가운데 있다는 말을 따랐기 때문에 본성 또한 그러하다고 말하였습니다.

『양선생사칠리기왕복서』 「퇴계답고봉비사단칠정분리기변제이서」

주자학의 일반론과 이황이 그리고 있는 퇴계학 사이에 좁힐 수 없는 간극이 있음을 확인할 수 있다. 앞서 말한 것처럼 이황 역시 주자학의 일반론을 기반으로 하여 논의를 전개하기 때문에 그 한계는 분명하다. 다만 그 속에서 사람이 가진 선함을 이론적으로 확보하려 하고, 그것을 형이상학 이론인 리기론까지 확장시키는 과정에서 논리적 충돌이 발생하고 있다. 선함은 이치에서, 악함의 가능성은 기에서 도출해내는 이황의 기본 입장은 이 둘을 섞어서 하나로 볼 가능성을 차단하는 데 치중한다. 이치와 기의 결합이라는 피해갈 수 없는 주자학의 이론을 긍정하되, 그 속에서 이치와 기의 차별적 구조를 설명해야 했던 이유이다.

이황은 하늘의 이치를 선함의 근거로 확보하려는 입장을 강하게 표명한다. 물론 사람에게 주어진 하늘의 이치가 선함인 것은 분명하다. 사람이 성인이 되어야 하는 이유도 여기에 있으며, 유일하게 사람만이 다른 사람을 대상으로 선한 정감을 가지는 이유도 여기에 있다. 이렇게 되면서 기는 자연스럽게 악함의 가능성도 가진 것으로 설정될 수밖에 없다. 개별적 특수성과 다양성을 가진 기 속에 악함의 가능성도 들어 있는 것이다. 이 때문에 선과 악의 기준에서 보면 이치는 순수하게 선하지만, 기에 따라 그 이치가 잘 발현될 수도 있고 그렇지 않을 수도 있다. 따라서 이치와 기가 합해져 사람과 마음을 이룬다지만, 이황의 입장에서는 여전히 선한 정감을 확보하기 위해 이치의 주도에 따라 발현되는 정감만을 강조하게 된다. 이치와 기는 각각 중심에 두는 것이 다르므로, 선과 악도 달라질 수 있다는 의미이다.

이러한 이유에서 이황은 사람 역시 이치와 기의 결합이지만, 어떤 것은 이치의 주도적인 역할에 의해 기가 이치의 형태를 그대로 드러내지만, 또 어떤 것은 기의 주도적인 역할에 의해 이치는 그냥 기에 얹혀 있다고 말한다. 전자는 선한 정감이라면 후자는 악한 정감으로 빠질 가능성을 가진 일반 정감이다. 따라서 전자는 이치에 의한 것이고 후자는 기에 의한 것이라고 말할 수 있으며, 이러한 구분에 무슨 문제가 있는지를 기대승에게 되묻고 있다. 선한 정감과 일반 정감을 구분하는 과정에서 이치와 기의 결합 구조 역시 근본적으로 '서로 섞이지 않는다'는 사실에 무게중심을 두고 해석하게 된 이유다.

그렇다면 이 같은 입장에 대해 기대승은 어떻게 반박하고 있을까? 그는 우선 나흠순과 같다고 말한 입장을 철회해달라고 말한다. 이치가 주자학의 중심에 서 있다는 사실을 인정하고 있는 대목이다. 다만 이치만 강조하는 이황의 입장은 '드러난 정감'이나 '사물'들을 설명하기에는 문제가 있다고 보았다.

무릇 "선한 정감(사단)은 이치理에서 드러난 정감이고 일반 정감
七情은 기氣에서 드러난 정감이다"라는 말이 대략적으로는 옳다
고 말할 수 있습니다. 그러나 그 내용을 상세하고 깊게 따져서 논
의하시면서, 일반 정감으로 드러난 것은 이치의 본래 모습이 아
니고, 기가 자연스럽게 정감의 형태로 드러나는 것 역시 이치의
본래 모습이 아니라고 하셨습니다. 그렇다면 이치에서 드러난 정
감은 (기의 형태와 무관하므로) 무엇을 통해 그것을 볼 수 있으며,
기에서 드러난 정감 역시 이치와 별도로 존재하는 것이 됩니다.
이것은 이치와 기를 지나치게 나누어 보는 잘못을 범한 것이니,
다시 한번 세밀하게 살펴보아야 할 필요가 있을 듯합니다. (선생
님께서는 저의 주장이 나흠순의 주장과 다를 바 없다고 하셨는데) 나
흠순이 말한 내용을 저는 아직 보지 못하여서 그 내용이 어떤지
는 모르겠습니다만, (선생님께서 지적하신 대로 나흠순이 '이치와
기는 결코 각기 다른 존재가 아니다'라고 말했다는) 이 한 구절을 통
해 보면 그것은 크게 잘못된 것이 맞습니다. 저는 결코 이치와
기가 합해져서 구분할 수 없는 하나의 존재가 된다고 생각하지
도 않고, 동시에 이치와 기가 각기 다른 존재라고 말하지도 않았
습니다.

『양선생사칠리기왕복서』「고봉답퇴계논사단칠정서」

기대승의 핵심은 분명하다. 이미 기의 형태로 드러난 것에는 이치가 포함되어 있어야 하며, 이 시점에서는 이치와 기가 '떨어져 있지 않은 상태'라는 말이다. 특정 사물이나 존재의 형태로 드러난 기는 이치와 기의 결합으로 이루어진 것이어야 하기 때문이다. 그러나 이황의 말대로라면 드러난 정감임에도 불구하고, 그것은 더 이상 이치가 섞여 있지 않은 순수한 기만을 뜻하게 된다. 이러한 이유에서 기대승은 이치와 기의 관계에 대해 '떨어져 있지 않은 상태'로 파악할 것을 주문한다.

다시 말해 이치가 정감의 형태로 드러나게 되었다면, 그것은 필연적으로 기와 결합되어야 한다. 그렇지 않고 순수하게 이치만이 선한 정감의 형태로 드러나는 것은 주자학의 논리 안에서 불가능하다. 정감이 이미 기의 영역이므로, 선한 정감이 되면 이치가 기의 형태를 띠고 드러난 것이어야 한다. 이치만을 가지고 기와 구분해서 말하면 '그러한 이치를 볼 수 없어진다'는 기대승의 말은 이 같은 입장에서 나온 것이다. 동시에 이황의 입장에 따르면 이치 없이 기가 홀로 발현되는 것도 가능하다는 의미를 갖게 되는데, 이것 역시 주자학 일반론에 따르면 무리가 있다. 즉 '드러난 상태의 정감'이나 '다양한 존재들'은 '이치 없는 기도 없고, 기가 없는 이치도 없는 상태'라는 주자학의 원론에 따라야 하기 때문이다.

이런 까닭에 기대승은 이황의 입장에 대해 이치와 기를 너무 심하게 나누어 보려는 병폐를 가졌다고 비판한다. 기대승 역시 이치와 기가 근원적으로 '섞이지 않는다'는 주자학의 일반 명제에 대해서는 인정한다. 그렇더라도 이황처럼 '이미 드러난 존재나 사물들'마저 이치와 기로 나누어 볼 수 있다는 사실에 대해서는 인정할 수 없다는 사실을 분명히 하고 있다.

이치의 능동적 발현

이제 우리는 선한 정감을 하늘의 이치와 직접 연결시킴으로써 '사사로운 욕망'이나 '몸과 관련된 기질에서 오는 정감'의 방해를 차단하려는 이황의 입장을 이해할 수 있다. 이치가 주도하고 기가 그에 따름으로써 발현되는 정감과 외부의 환경 요인에 따라 기가 주도적으로 발현되는 정감의 구분은 여기에서 나온다. 그런데 문제는 '이치의 주도'와 '기가 그에 따른다'는 이황의 말이다. 앞서 살펴보았지만 이치는 그 자체로 있는 보편 존재이므로 능동적 움직임을 보이거나 주도적 역할을 할 수는 없다. 이 모든 것은 기에 포함된 속성이기 때문이다.

그러나 이황은 선한 정감을 이치가 주도하고 기가 그것에 따른 것으로 설정하는 과정에서 자연스럽게 이치의 능동성을 이론적으로 확보한다. 실제로 이황의 이론 구조 내에서 선한 정감이 발현되기 위해서는 이치가 능동적으로 기를 제어해서 선한 형태의 정감으로 발현될 수 있어야 한다. 이치와 기를 대립시키면서 자연스럽게 걷게 되는 이론화의 과정으로, 여기에서 주자학과 차별된 구조로서의 퇴계학이 성립된다.

【이황 8】 원문 28

보내온 편지에 "마음속에 이치가 없는데 마음 밖의 사물이나 상황에 의해 마음이 우연히 감응하여 움직이는 것은 아니다. 마음 밖의 사물이나 상황에 의해 움직이는 것은 일반 정감뿐만 아니

사단칠정 자세히 읽기

라 선한 정감도 그러하다"고 하셨습니다.

이 말은 내가 생각해도 참으로 옳은 말입니다. 그러나 이 말을 하기 위해서 인용하신 『악기』에 대한 주자의 학설은 모두 이치와 기를 섞어서 말한 것이니, 이러한 관점을 가지고 이치와 기를 구분해서 말하는 나의 입장을 반박하는 것도 나름대로 일리가 있습니다. 그러나 내가 이렇게 구분해서 말하는 것은 이전에 없던 말인데 내 멋대로 함부로 지어낸 것은 아닙니다. 천지에 원래 이러한 이치가 있었고, 옛날 선현들께서도 이러한 주장을 하셨습니다. 지금 공께서 반드시 섞어서 말해야 한다는 단 하나의 입장만을 받아들이고, 구분해서 말해야 한다는 또 다른 하나의 입장을 버린다면 이것은 치우친 것이 아니겠습니까? 섞어서 말하면서 일반 정감이 이치와 기를 겸하고 있다는 사실은 그렇게 많은 말을 하지 않아도 명확합니다. 하지만 만약 일반 정감을 선한 정감과 대비시켜 각각 구분해서 말한다면 일반 정감이 기와 관계를 맺는 것처럼 선한 정감은 이치와 관계를 맺는 것이니, 이처럼 두 정감은 각각 다른 혈맥血脈이 있고 그 이름을 통해 각각 가리켜 말하고 싶은 것이 따로 있습니다. 이 때문에 각각의 정감이 드러나는 데 있어서 주된 역할을 한 것에 따라 나누어 소속시킬 수 있습니다. 나 역시 일반 정감이 이치와 아무 상관없이 마음 밖의 사물이나 상황에 우연히 감응하여 움직이는 정감은 아니라고 생각합니다. 또한 선한 정감이 마음 밖의 사물이나 상황에 감응하여 움직이는 정감이라는 사실에 있어서도 일반 정감과 다르지 않다고 생각합니다. 그렇지만 분명한 사실은 선한 정감은 이치가 주도적으로 드러나려고 하자 기가 그러한 이치를 따르는 것理發而氣隨之이고, 일반 정감은 기가 드러나려고 하자 이치가 그 기를 타게 된 것氣發而理乘之입니다.

『양선생사칠리기왕복서』「퇴계답고봉비사단칠정분리기기변제이서」

이제 이황의 입장은 이치에 대한 적극적인 해석으로 이어진다. 필자가 여기에서 중시하는 것은 바로 "선한 정감은 이치가 주도적으로 드러나려고 하자 기가 그러한 이치를 따르는 것理發而氣隨之이고, 일반 정감은 기가 드러나려고 하자 이치가 그 기를 타게 된 것氣發而理乘之입니다"라는 말이다. '발發'이라는 글자는 '꽃이 피어오르다'라고 했을 때의 '피다'는 의미이다. 이후 이것은 주도적인 운동성의 의미로 전치되어 '드러나다' '움직이다' 등의 의미로 해석된다. 이치가 발한다고 했을 때, 이치와 발發은 서로 연결될 수 없는 개념이라는 말이다.

그런데 이황은 이러한 발의 개념을 이치와 연결시켰다. 선한 정감은 이치가 주도적으로 드러나려고 할 때 기가 그에 따라 움직이는 것이고, 일반 정감은 기의 주도에 따른 정감으로 이해한다. 이렇게 되기 위해서는 이치가 적극적인 제어와 통솔의 능력을 가지고 있어서 기가 그것에 따라 움직일 수 있도록 해야 하는데, 이것은 주자학 일반의 논의에서는 받아들이기 쉽지 않다. 그러나 이황은 말을 타는 사람의 비유를 들어서 다음과 같이 말한다.

옛날 사람들은 사람이 말을 타고 드나드는 것을 가지고 이치가 기를 타고 드나드는 것에 비유했는데, 이것은 참으로 좋은 비유입니다. 사람은 말이 없으면 드나들지 못하고 말은 사람이 없으면 길을 잃게 되니, (드나들 때에는) 사람과 말은 서로를 필요로하고 서로 떨어질 수도 없습니다. 어떤 사람이 이러한 상황을 가지고 말하면서 사람과 말을 한꺼번에 묶어서 말을 하게 되면 사람과 말은 모두 그 속에 있으니, 선한 정감과 일반 정감을 섞어서 말한 것이 바로 이러한 상황입니다. 또 사람이 가는 것만을 가리키면서 말이 함께 가는 것에 대해 굳이 말하지 않아도 그 말속에는 '말이 간다는 사실' 역시 포함되어 있으니, 선한 정감만을 말하면서 별도로 기를 말하지 않은 것은 이러한 경우입니다. 또 말이 가는 것만을 가리켜 말하면서 사람이 함께 가는 것에 대해 굳이 말하지 않아도 그 말 속에는 사람이 가는 것을 포함하고 있으니 일반 정감만을 말한 것이 이러한 경우입니다. 그런데 내가 선한 정감과 일반 정감을 나누어 말하는 것을 보고 공께서는 항상 섞어서 말한 경우만을 가지고 나의 말을 논박하니, 이것은 '사람도 가고 말도 간다'라고 말하는 것을 듣고 사람과 말은 같이 가는 것이므로 나누어 말할 수 없다고 우기는 것과 같습니다. 또 내가 일반 정감을 가지고 기가 드러난 것이라고 말하면 그것들을 가지고 이치에 의해 드러난 것이라고 굳이 말하니, 이것은 마치 '말이 간다'라는 말을 듣고 '사람도 간다'라고 애써 말하는 것과 같습니다. 또 내가 선한 정감은 이치가 정감으로 드러난 것이라고 말하면 공께서는 다시금 기가 드러난 것이라고 굳이 말하니, 이것은 마치 사람이 간다고 말하는 것을 듣고서 반드시 말도 간다고 말하는 것과 같습니다. 이것이야말로 주자께서 말씀하신 숨바꼭질 놀이를 하는 것과 흡사하니, 어떻게 생각하십니까?

『양선생사칠리기왕복서』「퇴계답고봉비사단칠정분리기변제이서」

이황은 사람과 말의 관계를 비유로 들어 설명하면서 이치가 가진 능동성을 증명하려 한다. 즉 선한 정감은 마치 사람이 말을 주도적으로 몰아서 자신이 가고자 하는 곳을 가는 것처럼, 이치가 기를 주도적으로 몰아서 드러난 결과라는 말이다. 이 때문에 '선함'이라는 '이치' 고유의 속성을 그대로 유지할 수 있다. 이에 비해 일반 정감은 말이 사람을 태우고 달리는 양상처럼 기가 주도적으로 움직이는데 사람이 타고 있는 모습이다. 즉 사람이 말을 제어하는가 그렇지 않은가에 따라 바로 갈 수도 있고 그렇지 못할 수도 있는 상황인 것이다. 이황이 지속적으로 문제를 삼는 것은 말이 자기 마음대로 달릴 가능성이 있다는 점이다. 즉 이치에 의해 주도되지 않으면 악함으로 빠지게 된다.

이처럼 이황은 이치가 주도적으로 기를 제어하고 통솔할 가능성을 제시하면서, 이것을 이치가 발한 것이라고 말한다. 기를 제어하고 통솔할 수 있는 속성을 이치에 준 것으로, 실제로는 선함이 악함으로 갈 수 있는 기를 제어하고 통솔할 수 있도록 하려는 이론적 장치이다. 특히 선한 정감은 인의예지와 같은 사람의 순수한 도덕 본성이 그대로 정감의 형태로 드러난 것이기 때문에, 정감의 형태로 드러나기 위한 최소한의 기와 결합했을 뿐 그 자체로 이치가 드러난 것이라고 말한다. 이것은 이치가 실제로 기의 활동을 최소화하고 이치는 기가 따라올 수 있게 조절할 수 있는 능동성을 가졌음을 인정하는 것이다.

그러나 이황의 말처럼 이치가 기를 적극적으로 주도한다면, 선한 정감은 어떠한 경우도 악하거나 잘못된 길로 나아갈 리가 없다. 그러나 기대승은 이황과 달리 주희가 선한 정감, 즉 사단도 옳지 않은 정감이 될 수 있다고 말한 사실을 인정한다. 그것은 정감이기 때문이며, 정감과 같은 활동성에 의해 이치가 능동적일 수 없기 때문이다.

【기대승 7】 원문 30

선한 정감을 '이치가 그대로 정감으로 드러난 것이어서 선하지 않음이 없다'라고 한 것은 원래 맹자께서 가리켜 말씀하신 것을 따라 말한 것입니다. 만약 포괄적인 정감을 가지고 세밀하게 논의를 해보면 선한 정감으로 드러난 것에도 도덕적으로 딱 맞지 않을 수 있으니, 선한 정감 모두를 선하다고만 말할 수는 없습니다. 보통 사람들이 볼 때 마땅히 부끄러워하지 말아야 할 것을 부끄러워하거나, 마땅히 시비를 가리지 말아야 할 것에 대해 시비를 잘못 가리는 경우도 있습니다. 대개 이치가 기 가운데 있을 때에는 기를 타고 드러나지만, 이치는 매우 미미한데 기가 드러나는 것은 강하기 때문에 이치가 기를 통제하지 못하고 드러나는 정감은 이렇게 될 수 있습니다. 그러므로 어떻게 정감에 불선함이 없다고 할 수 있겠으며, 선한 정감 역시 불선함이 없다고 할 수 있겠습니까? 배우는 사람들이 자세하게 살펴야 할 대목입니다. 만약 무엇이 참된 것이고 무엇이 거짓된 것인지를 구분하지 않고 불선함이 없다고만 생각하면 '사람의 개인적 욕망'을 '하늘의 이치'라고 생각하는 병폐가 이기지 못할 정도로 만연하게 될 것입니다. 선생님께서는 어떻게 생각하시는지요?

『양선생사칠리기왕복서』「고봉답퇴계논사단칠정서」

선한 정감을 선함이라는 관점에서 바라보는 이황과 달리, 정감이라는 관점에서 바라보고 있는 기대승의 입장이 그대로 드러나 있다. 여기에서 기대승은 결코 이치에 능동성이나 제어의 능력을 부여하지 않는다. 선한 정감이 제대로 드러나는 경우는 이치가 기 속에 들어 있는 경우인데, 이러한 경우에도 이치는 미미하고 기의 활동성이 강하므로 선한 정감이 도덕적으로 딱 맞지 않게 발현될 수도 있다. 정감이 악하게 될 수 있는 가능성이며, 이것은 선한 정감이라고 해도 예외가 아니다. 이치는 기에 들어 있는 존재이며, 활동성이나 운동성은 철저하게 기의 속성으로 이해하고 있기 때문에 나온 결과이다.

이와 같은 기대승의 입장은 드러난 정감을 중심으로 그 속에서 선한 정감을 확보해야 하는 노력으로 이행된다. 선한 정감인 사단도 정감이기 때문에 그 상황에서 시의적절하게 발현되지 않을 수 있다. 따라서 어떠한 상황인지를 정확하게 파악하고, 그 상황에 적절한 정감이 어떠한 것인지에 대한 수양이 있어야 비로소 도덕적으로 올바른 선한 정감의 발현이 가능해진다. 그리고 이러한 공부가 바로 '뜻을 정성스럽게 하는 공부誠意 공부'이다.

이와 같은 이황과 기대승의 입장은 이후 성리설의 영역에서 각기 다른 길로 이행된다. 이황의 입장은 퇴계학파 전체를 통해 '이치의 활동성'과 능동성을 강조하는 특징으로 발전한다. 이에 비해 율곡학파는 '활동의 영역'을 기에 부여함으로써 조절과 공부의 대상을 기로 정한다. 이러한 철학에 대해 퇴계학파에서는 '기를 중시한다'고 비판하는데, 이는 퇴계학파에서 율곡학을 비판하는 과정에서 나온 것이다.

선한 정감과 퇴계학파의 사단칠정론

단계 설명 ⊙ 이황의 사단칠정론에 대한 퇴계학파의 계승

의미　　⊙ 선한 정감과 일반 정감을 대립시키며 이치의 능동성을
　　　　　확보하려 했던 퇴계학파의 사단칠정론

원문 대상 ⊙ 이현일, 권상일, 이상정

　사단칠정 논쟁을 통해 이황은 주자학의 원론에 충실한 기대승의 질문
에 답하면서, 주자학과 차별적 구조를 갖는 퇴계학을 만들어낸다. 퇴계학
은 선한 정감의 근거를 명시적으로 확보함으로써, 선한 정감을 유지시킬
수 있는 공부의 대상을 명확히 하려 했던 의도에서 출발한다. 그리고 이러
한 시도는 거꾸로 형이상학 이론인 이치와 기의 관계까지 새롭게 해석하
는 특징을 보여준다. 이렇게 되면서 퇴계 학인들 역시 선한 정감과 일반 정
감을 대립시켜 보는 관점, 여기에 근거해서 이치와 기를 '섞여 있지 않은 관
계'로 해석하는 입장, 나아가 이치의 능동성을 인정하는 세 가지 특징을

지켜나간다.

물론 이것이 전개되고 발전하는 과정에서 더 강하게 주장하는 입장과 절충하는 입장의 차이는 생겨나지만, 적어도 '퇴계학파'라는 테두리 내에서는 이러한 입장이 학파적 특징으로 유지된다. 영남 지역을 중심으로 한 퇴계학파는 바로 이러한 성리설을 기반으로 교육이나 예학 이론 등을 만들고 있다. 이번 장에서는 이러한 퇴계학파의 성리설을 유지시키고 있는 대표적인 인물들을 중심으로 퇴계학파의 선한 정감 확보의 노력이 어떻게 이루어지는지 살펴보자.

이현일

가장 먼저 살펴볼 인물은 이현일葛庵 李玄逸(1627~1704)이다. 이현일은 이황의 제자였던 김성일鶴峰 金誠一(1538~1593)로부터 장흥효敬堂 張興孝(1564~1633)로 내려오는 학맥의 정통에 서 있는 인물이다. 그가 활동했던 시기는 영남학파와 기호학파의 간극이 벌어지고, 그것이 학파적 다툼에서 정치적 다툼으로까지 이어지는 시점이다.

이 당시 이현일은 퇴계학파 내에서 처음으로 학파적 의식을 가지고 기호학파의 퇴계학설 비판에 대한 역비판을 진행했다. 특히 그는 당시 이황의 성리설을 공격했던 송시열尤庵 宋時烈(1607~1689)에 대해 강한 비판적 시각을 견지했으며, 이것은 송시열 학문의 근원이 되는 율곡학에 대한 비판으로 이어졌다. 이러한 과정에서 그는 이이의 사단칠정론을 비판하는 「율곡이씨논사단칠정서변栗谷李氏論四端七情書辨」을 기술하는데, 그 첫머리를 다음과 같이 시작한다.

퇴계 선생께서는 일찍이 고봉 기대승과 사단칠정에 대해 논쟁을 하면서, 오랫동안 논란을 거듭하여 마침내 서로 의견 일치를 보게 되었다. 그런데 그 이후 율곡이라는 사람이 나와 퇴계 선생의 정론定論을 배척하고, 고봉 기대승이 논쟁 초기에 주장했던 입장만을 받들면서, 고봉의 학설은 분명하고 사리에 맞지만 퇴계 선생의 학설은 그 의미가 잘못되었다고 방자하게 나무라면서 꺼리는 모습이 적지 않다. 이것을 가만히 살펴보면, 남의 말을 다 이해하지 못하고 억지로 자신의 학설만을 주장하거나, 종횡으로 엎치락뒤치락 학설을 섞어버리는 것이 심하여 나타난 결과이니, 아직 배움에 이르지 못한 일반 사람들을 어지럽히기에 충분하다.

「갈암선생문집葛庵先生文集」「율곡이씨논사단칠정서변栗谷李氏論四端七情書辨」

다분히 감정적인 출발이다. 이현일의 날선 말은 그가 기호학파의 인물들과 학설에 대해 어떠한 입장에 서 있는지를 단적으로 짐작케 한다. 당시는 서인과 남인의 정치적 갈등이 극에 달해 있을 때이며, 그의 이러한 인

식은 남인이 추방되던 갑술옥사를 전후로 정점에 달하고, 이후 그도 유배의 길을 걷게 된다. 따라서 이현일의 이 같은 비판은 정치적인 입장과 맞물리면서, 이황의 입장을 극단으로 밀고 나가는 모습을 보여준다. 이 때문에 그 스스로 이이의 입장에 대해 기대승이 논쟁 초기에 견지했던 내용만을 받아들였다고 비판하면서, 동시에 자기 스스로도 이황의 초기 입장을 강하게 밀고 나간다.

이러한 입장은 선한 정감과 일반 정감을 더욱 강하게 대립시키는 모습으로 드러났고, 이치와 기의 관계 역시 '섞이지 않는 관계' 중심으로 파악한다. 특히 선과 악의 대립 구조를 가지고 선한 정감과 일반 정감을 파악했던 이황의 입장이 이현일에게 오면서 '선함'을 남인으로, '선하지 않음'을 기호 세력으로 평가하는 근거를 제공해주었고, 이것은 더욱 날카로운 대립각을 세우는 이유가 되었다. 이러한 이해 위에서 우선 선한 정감과 일반 정감에 대한 이현일의 입장을 살펴보기로 하자.

【이현일 2】 원문 32

(선한 정감과 일반 정감을 보면) 대개 그 근원에서부터 각각 중심이 되는 것이 있으니, 그것은 원래 그 근본부터 그러한 것이지 처음에는 같은 정감으로 드러나다가 드러난 이후에 선한 쪽을 선택해서 선한 정감이 되는 것은 아니다. 이 때문에 나는 '선한 정감과 일반 정감이라는 말이나 그 뜻이 서로 중첩되지 않으므

로 그것을 끌어서 억지로 섞은 후 하나인 것처럼 생각해서는 안된다'고 본다.

『갈암선생문집』「율곡이씨논사단칠정서변」

이황의 입장을 이어 선한 정감과 일반 정감은 이미 출발하는 그 근원부터 다르다는 입장을 제시하고 있다. 선한 본성인 이치로부터 선한 정감이 나오고, 기로부터 일반 정감이 나온다는 퇴계학파의 기본적인 입장에 따라 두 정감의 관계를 파악하고 있는 것이다. 이러한 입장에서 이현일은 이이의 사단칠정론에 대해 '전혀 다른 두 개의 정감을 억지로 끌어서 섞어버린 후 하나로 생각한다'며 비판적인 시각을 드러낸다. 이와 같은 입장은 이치와 기의 관계에 대해서도 '나누어 보는 것을 중시'하는 입장으로 드러난다.

【이현일 3】 원문 33

이치와 기는 완전히 다른 두 개의 존재이다. 따라서 이치가 비록 기 가운데 있다 해도 이치는 원래부터 이치였고, 기는 원래부터 기이기 때문에, 둘이 서로 섞이지 않는다.

『갈암선생문집』「수주관규록愁州管窺錄」

'이치'와 '기'는 완전히 다른 두 개의 존재라는 이현일의 말은 이치와 기의 관계를 알고 있는 유학자들에게는 대단히 도발적인 것이다. 물론 원론적으로 다른 두 개의 존재인 것은 분명하지만, 또 한편으로 이 둘은 '떨어져 있지 않은 상태'를 유지하는 관계이기 때문이다. 그러나 이현일은 이 둘의 관계를 표현하면서 '결決'이라는 용어를 사용하는데, 이는 '결단코' 또는 '완전히' 등의 부사로 번역할 수 있다. 어떤 의도를 가지고 문장을 기술하는지를 분명하게 알 수 있는 지점이다.

이러한 이현일의 입장은 '이치'의 능동성 역시 극대화하여 해석하는 데이른다. 사실 이황에 의해 제시된 이치의 능동성은 기에 대한 제어나 통제와 같은 의미 정도에서 멈춘다. 움직이고 드러나는 것은 기의 속성으로 부여하고 있기 때문이다. 물론 이러한 제어나 통제의 의미만으로도 주자학 일반론과 비교할 때 독특한 측면이 있고, 기대승은 그에 대해 강한 비판적 입장을 제기할 정도였다. 이에 비해 이현일은 '이치가 먼저 움직이는 상태'를 상정하기도 한다.

【 이현일 4 】 원문 34

마음속에 있는 이치가 마음 밖의 상황에 감응하여 정감으로 드러나게 되면, 혹 이치가 먼저 움직여서 기가 그 이치를 감싸안고 정감으로 드러나기도 하고, 기가 먼저 움직여서 이치가 그 기를 타기도 한다. 그러므로 비록 이치가 기 위에 있으면서 이치와 기가 섞여 있어서 나눌 수 없다고 하지만, 그러나 이치와 기라는 두 존재가 각기 다른 존재라고 말하는 데 방해될 것은 없다.

『갈암선생문집』「수주관규록」

이치가 먼저 자발적으로 움직이면, 그 움직임을 위해 기가 이치를 감싸 안는 형국을 표현하고 있다. 여기서 우리가 주목해서 봐야 할 것은 바로 '이치가 먼저 움직이는 상황'이다. 이황이 '이치가 주도하는 상황'이라고 말한 것을 좀더 강하게 해석하면서 나온 결과로, 이 경우 이치는 자체의 운동성을 보유하는 결과를 낳는다. 이치가 기의 도움 없이도 그 자체로 선한 정감을 만들어낼 수 있다는 의미로 이해하게 하는데, 그것은 선한 정감에 대한 이현일의 다음과 같은 말에서 더욱 분명하게 드러난다.

【이현일 5】 원문 35

무릇 이치와 기가 떨어질 수 없는 것은 사실이다. 그러나 어린아이가 자신도 모르게 우물로 들어가는 것을 보게 되면, 그 상황이 마음속에 본래부터 있었던 이치에 접촉해서 정감을 발생시키므로, 마음이 그 상황을 안고 있을 수도 없고 기가 작용할 여가도 없다(이 세 개 조목의 말은 주희의 말을 생략한 것이다). 그러므로 다른 사람을 측은하게 여기는 마음이 어떻게 이치가 그대로 앞서 언급했던 이수현이 다른 어떤 판단을 할 여지도 없이 취객을 위해 선로에 뛰어내린 상황에 대해 이현일의 말을 빌려 해석하면, '특정 상황이 이치에 바로 접촉해서 그 이치가 직접 감응하여 발생된 정감'에 따른 행동이다. 사적 정감의 가능성을 가진 마음이나 기가 조금도 개입할 여지 없이, 이치가 바로 정감으로 드러난 상태인 것이다. 이러한 상황을 두고 이현일은 '이치가 그대로 드러난 정감'이며, '기가 작용하지 않은 상태'라고 규정한다.

이 말을 조금만 논리적으로 생각해보면, 이현일은 '기'를 사적 정감의 가능성으로 이해하고 있음을 알 수 있다. 기에 방해받지 않는 순수한 정감은 이치에서 선한 정감으로 가는 길뿐이며, 기에 의해 움직이는 마음의 활동은 여전히 악함의 가능성을 가진 것으로 설정되고 있다. 이치와 선한 정감의 관계에서 정감으로 대변되는 기의 개입을 최소화하려는 이론적 노력이 이와 같은 형태로 드러난 것이다.

이러한 그의 해석은 당시 영남학파와 기호학파와의 정치적 대립 과정에서 영남학파의 선함을 하늘의 이치라는 당위로부터 확보하고, 기호학파에 대해 기를 중시한다고 비판하면서 그와의 연관성을 제거해가려는 정치적 입장의 표명이기도 하다. 이러한 입장은 심지어 영남학파 내에서도 이치와 기를 너무 나누어 본다는 비판을 받았으며, 이후 그의 후예인 이상정 등을 통해 다시 봉합되는 양상을 보인다.

권상일

권상일淸臺 權相一(1679~1759) 역시 이현일과 더불어 이황의 전기 입장을 적극 지지했던 대표적인 인물이다. 특히 그는 이현일의 입장을 받아들여 퇴계학의 특징을 강조하고, 이를 바탕으로 기호학파와의 입장 차를 더욱 벌렸다. 이러한 특징은 앞에서 보았던 것처럼 선한 정감과 일반 정감을 더욱 대립적 관계로 파악하며, 이치와 기의 차별성도 부각시키는 입장으로 드러난다.

【권상일 1】 원문 36

이치가 기 가운데 있는 것은 마치 물이 그릇에 담겨 있는 것과 같다. 따라서 물은 원래부터 물이고 그릇은 원래부터 그릇이지만, 물이 그릇을 떠날 수는 없다. 그런데 이러한 것을 보면서 단지 서로 떨어지지 않는다는 것만 알아 이 둘을 합해서 말하면, 자신도 모르는 사이에 물을 가리켜 그릇이라고 여기는 병폐가 생긴다. 율곡 이이의 견해는 다음과 같다. 이치는 움직임이 전혀 없고 기는 움직이며, 이치는 본체일 뿐이고 기는 그러한 이치가 드러나는 것이며, 이치는 가만히 있기만 하고 기가 활동을 한다

는 것이다. 이는 이치를 죽어 있는 존재로 여기고, 일상적인 삶
속에서 이루어지는 당연히 이루어져야 하는 법칙들마저도 기에
소속시켰다. 이렇게 하여 머리와 꼬리, 본질적인 것과 말엽에 해
당하는 것이 동일하게 인식되면서, 학설도 곧 이렇게 되어버렸
다. 율곡은 이치와 기를 단지 '서로 떨어지지 않아야 한다'고만
생각하여 선한 정감과 일반 정감을 나누지 않고 "선한 정감은 일
반 정감 가운데 선한 것만을 말한다"고 했고, 또 "실제 정감으로
드러나는 것은 기이고 드러날 수 있게 하는 것은 이치이다"라고
말했던 것이다. 이것은 나누고 갈라서 이해해야 할 것을 가지고
뒤섞어서 말한 것이니, 옳지 않은 듯하다.

『청대집淸臺集』「관서록觀書綠」

이치와 기의 관계에 대해서는 다양한 비유가 있다. 그런데 여기서 권상
일의 비유는 그가 어떠한 입장을 지지하는지 충분히 짐작케 한다. 물과 물
그릇은 어떠한 방식으로건 하나로 결합되어 있을 수밖에 없는 존재이다.
물은 물그릇이 없으면 존재할 수 없고, 물그릇은 물이 없으면 그 존재 이유
가 없기 때문이다.

하지만 어떠한 경우라도 물이 물그릇이 될 수는 없고, 물그릇 역시 물이
될 수는 없다. 물을 보고서 물그릇이라고 말할 수는 없고, 물그릇을 가지
고 물이라고 해서도 안 된다는 말이다. 이 둘을 구분해서 보아야 하는 것
처럼 이치와 기 역시 그러하다. 그런데 권상일이 보기에 이이는 물그릇을

가지고 물이라고 하는 오류를 범하는 것처럼, 이치가 드러나지 않는다고 해서 기를 가지고 이치라고 말한다. 이것은 물과 물그릇을 구분하지 않았기 때문이다.

이와 같은 그의 입장은 선한 정감과 일반 정감에도 그대로 적용된다. 나누어져 있는 각각의 속성이 드러내는 각기 다른 정감으로 이 둘을 이해해야 한다는 것이다. 따라서 선한 정감이나 일반 정감의 양상 그 자체는 '슬픔'이나 '기쁨' '두려움' 등과 같이 차이가 별로 없지만, 그 근원은 분명하게 다르다는 사실을 강조한다.

【권상일 2】 원문 37

선한 정감은 하늘로부터 부여받은 본래의 본성本然之性에서 나온 정감이고, 일반 정감은 기질에 따라 부여받은 본성氣質之性에서 나온 정감이다. 만약 기가 그대로 이치를 따라 정감으로 드러나서 모든 상황에서 도덕적으로 딱 들어맞으면 슬픔哀은 '다른 사람을 측은하게 여기는 마음'과 비슷하고 분노怒 역시 '자신의 잘못에 대해 부끄러워하는 마음'과 비슷하다. 그러나 그 근원을 생각해보면 싹트는 곳 자체에 이미 차이가 있다. 따라서 서로 비슷하다고 분명하게 구분하지 못하면 슬픔을 가지고 '다른 사람을 측은하게 여기는 마음'이라 생각하고, 분노를 가지고 '자신의 잘못에 대해 부끄러워하는 마음'이라고 생각하게 된다. 이것은 기

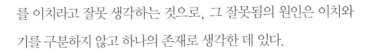

를 이치라고 잘못 생각하는 것으로, 그 잘못됨의 원인은 이치와 기를 구분하지 않고 하나의 존재로 생각한 데 있다.

『청대집』「관서록」

권상일은 이현일에 이어 이황의 입장을 극으로 몰고 간다. 그는 일반 정감이 도덕적 상황과 딱 맞으면 '슬픔'은 타인을 측은하게 여기는 선한 정감과 유사하다는 데 동의한다. 실제로 주희 역시 앞에서 본 것처럼 일반 정감과 선한 정감의 양상에 대해서 거의 차이가 나지 않는다고 말함으로써, 이 둘을 분리하기 어렵다는 입장을 개진했다.

그러나 권상일은 실제로 구분하기 어렵다고 해도, 각기 다른 곳에 싹을 틔운 식물처럼 그 발아 지점이 완전히 다르다고 말한다. 선한 정감이 이치로부터 발아하고 일반 정감이 기로부터 발아한다는 이황의 논쟁 초기 입장이 그대로 재현되고 있다. 같은 물이라 하더라도 그것이 솟아난 근원이 다르듯, 선한 정감과 일반 정감은 뚜렷한 차이가 있다는 것이다. 그는 이러한 관점에서 '분노'를 가지고 선한 정감인 '자신의 잘못에 대해 부끄러워하는 마음'과 같다고 하는 것에 대해 이치를 기와 구분하지 않은 잘못을 범하는 것이라고 비판했다. 분노가 공적 정감으로 드러났을 경우 '의로움'의 단서인 '자신의 잘못에 대해 부끄러워하는 마음'으로 이해하는 기호학파의 입장에 대한 비판이다.

이러한 이유에서 권상일은 선한 정감이 솟아오르는 샘물을 잘 보존하고 그것이 일반 정감이라는 다른 샘물에서 솟아나는 물과 섞이지 않게 함으로써, 선한 정감을 지속적으로 보존할 수 있다고 생각했다. 선한 정감을 유지하기 위해 본성을 철저하게 보존하고 그것이 그대로 발현될 수 있도록 하는 경敬 공부가 퇴계학파 내에서 지속되었던 이유이다.

이상정

이현일과 권상일을 통해 사단칠정을 중심으로 한 성리설이 퇴계학만의 특징으로 부각되었다. 이황과 기대승 사이에 발생한 논점이 점점 더 벌어지는 쪽으로 이행되고 있었던 것이다. 이에 비해 이현일의 외증손이자 당시 소퇴계로까지 불리면서 영남학파의 종장 역할을 했던 이상정大山 李象靖 (1710~1781)은 이러한 인식의 차이를 조금씩 봉합하려고 시도한다. 물론 이러한 입장이 기호학파의 입장을 전적으로 받아들이는 것은 결코 아니고, 기대승과의 논쟁을 거쳐 형성된 이황의 후기 입장을 표방하는 정도이다.

이상정은 정치적으로도 잠시나마 영남학파가 중앙 정계에 진출할 수 있었던 영·정조 시기 문인 관료로 활동했다. 이렇게 되면서 그는 퇴계학에 모토를 두면서도, 당시 기호학파에서 주장했던 주자학 일반론에 대해서는 수용하는 입장을 취한다. 이러한 모습은 '이치'의 능동성을 강조하고, 이를 통해 이치와 기를 대립적 관계로 바라보는 퇴계학의 기본 입장을 이어가면서도, 그 능동성을 제어와 통제 정도로 해석하는 입장으로 드러난다.

이와 더불어 그는 기호학파의 기본 입장에 대해 '이치와 기를 너무 섞어 본다'라고 비판한다. 이 같은 입장에서 그는 이현일이 왜 그렇게 갈라 보았는지에 대해 다음과 같이 설명한다.

 문성文成(율곡 이이의 시호)의 무리가 오직 이치와 기를 섞어서 논의했기 때문에, 후대에 그것을 논의하는 사람들은 어쩔 수 없이 그 잘못을 지적하고 오류를 수정하지 않을 수 없었다. 이 것이 바로 증왕부曾王父(이현일)께서 고심하면서 그 평생의 힘을 사용하여 섞어서 말하는 것에 대해서는 소략하고 이치와 기를 나누어 보아야 한다는 사실에 대해서는 상세하게 말했던 이유 이다. 더불어 이치와 기가 다른 부분만을 밝히면서도 같은 점에 대해서는 거의 말하지 않았던 이유이기도 하다.

『대산선생문집大山先生文集』「사단칠정설四端七情說」

이상정은 이 글을 통해 원론적으로 이치와 기가 다르면서도 동시에 같은 점도 있다는 사실을 인정한다. 다만 퇴계학파의 기존 입장이 이치와 기의 다른 부분에 상당히 치중했던 것은 율곡학파에서 이치와 기를 너무 섞어서 논의했기 때문에 그것을 방어하기 위해서였다고 말한다. 병에 대한 처방의 차원에서 이루어졌다는 의미이다. 여전히 그가 퇴계학의 기본 모토 위에 서 있음을 알려주는 대목이다. 다만 그는 이러한 입장 표명을 통해 이치와 기를 너무 갈라 보아서는 안 된다는 일반 입장을 적극적으로 수용했다는 사실을 드러내고 있다. 이러한 이유에서 그는 선한 정감과 일반 정감에 대한 일반론에 대해 다음과 같이 긍정한다.

> 선한 정감과 일반 정감이 마음에서 드러날 때에는 마치 머리를
> 나란히 해서 움직이는 말과 같거나 두 개의 고삐를 나란히 해서
> 함께 나오는 것과 같지는 않다. 또한 이치나 기 어느 한쪽을 차
> 지하고서 자기 스스로 정감으로 드러나거나, 드러나지 않은 상
> 태를 유지하는 것은 아니다.
>
> 『대산선생문집』 「사단칠정설」

　　이상정이 선한 정감은 이치이고, 일반 정감은 기라고 말할 수 없다는 사실을 받아들이고 있는 대목이다. 선한 정감도 정감인 이상 이치가 스스로 정감으로 드러날 수는 없다는 사실을 긍정한 것이다. 적어도 이현일이나 권상일과는 말을 시작하는 기본 입장에서 차이가 있다.

　　하지만 그의 이러한 입장이 선한 정감과 일반 정감을 같은 정감으로 이해하고, 이를 기반으로 선한 것만을 가리켜서 선한 정감이라고 한다는 율곡학파의 일반론을 받아들이고 있는 것은 결코 아니다. 그는 선한 정감과 일반 정감이 이치와 기의 결합인 것은 분명하지만, 여전히 구분되는 점은 찾을 수 있다고 생각했다. 퇴계 학인으로서 이상정의 입장은 다음의 논의를 통해 분명하게 드러난다.

선한 정감과 일반 정감 모두 외부의 상황이나 환경에 따라 감응할 때 이치와 기가 각각 정감의 활동을 위한 바탕이 되기도 하고 그것을 주도하기도 한다. 이 과정에서 우리는 이치가 중심이 되는 경우와 기가 중심이 되는 경우를 구분할 수 있다. 그러므로 어떻게 두 개로 나누어지는 것을 의심하겠는가?

『대산선생문집』『사단칠정설』

이치와 기가 나누어지지 않았다는 것만을 알고서 선한 정감 또한 기가 정감으로 드러났다고 말하는 것은 하나만 알고 둘은 모르는 것이다. 이것이 잘못된 이유는 대충 섞어서 구별하지 않았기 때문이다.

『대산선생문집』『사단칠정설』

지금 이상정은 '너무 갈라 본다는 비판'을 받은 후 이황이 기대승에게 보였던 입장과 유사하다. 그는 모든 정감은 기본적으로 '이치와 기'가 합해져서 나온다는 주자학의 원칙론에는 동의한다. 그렇지만 그렇게 정감으로 드러나는 과정에서 이치가 중심이 되어 정감으로 드러난 것도 있고, 기가 중심이 되어 정감으로 드러난 것도 있으므로, 이것은 반드시 구분해야 한다. 다만 이러한 그의 입장은 앞에서 보았던 것처럼 기본적으로 이치와 기가 함께 드러난다는 전제를 깔고 있으며, 이러한 전제 속에서 정감을 드러나게 주도하는 것에 있어서 차이가 있다고 말한다. 이치가 주도하면 선한 정감으로, 기가 주도하면 일반 정감으로 드러난다.

이와 같은 입장에서 그는 이치와 기의 관계에 대해서도 균형 잡힌 시각을 요구한다. 그리고 이 기준에 따라 율곡학파는 '기'만을 중심으로 모든 것을 이해한다면서 비판의 입장을 바꾸어간다. 사물이나 정감과 같이 존재의 형태로 드러난 것에 대해 기만 중심으로 삼아 이해하게 되면, 그 속에서 실제로 통제나 제어의 능력을 가진 이치의 활동성은 드러나지 않는다는 말이다. 이에 그는 이황이 기대승과의 논쟁 마지막에 제시했던 입장인 '이치와 기가 함께 활동하는 상태'를 강조한다.

【이상정 5】 원문 42

율곡학을 신봉하는 사람들이 이치와 기가 '같다'고 할 때에는 그야말로 같음만 있고 다름은 없지만, 내가 말하는 '같음'은 같으면서도 그 속에 다름이 있습니다. 또 저들이 이치와 기는 '하나'라고 말할 때에는 오직 하나이면서 둘은 아니지만, 내가 이치와 기가 하나라고 했을 때에는 겉으로 보이는 것은 하나이지만 그 속을 보면 둘인 상태를 말합니다. 율곡학을 신봉하는 저 사람들은 이치와 기를 섞어서 말할 뿐이지만, 저는 섞어서 말할 때에도 '떨어져 있는 상태'를 함께 말합니다. 그 사람들에게는 '움직이는 것은 기뿐이다'라는 하나의 길만 있지만, 저는 '이치와 기가 함께 정감으로 드러난다理氣互發'는 사실을 같이 말합니다.

『대산선생문집』「답이희도答李希道」

이상정의 율곡학파 비판의 각도가 기존과는 다르게 형성되고 있다. 물론 이황이나 이현일 모두 기본적으로 '이치와 기를 너무 합쳐서 본다'라는 비판을 강조했지만, 이상정은 율곡학파에 대해 '합쳐서 보면서도 나누어 봐야 하는데', 이 같은 균형 잡힌 시각이 없다는 것이다. 이상정은 '이치와 기가 함께 정감으로 드러난다'는 시각에 서서 율곡학파를 비판함으로써 기존 퇴계학파의 비판 각도를 바꾸고 있다. 이후 이러한 입장은 퇴계학파의 정론으로 자리 잡는다.

이상정이 이치의 능동성을 강조하는 입장도 여기에서 나온다. 이현일은 기의 역할 없이 이치가 그대로 정감의 형태로 드러날 수 있다는 논의까지 진행시키지만, 이상정은 철저하게 기를 통제하고 제어하는 능력으로서 이치의 활동성을 인정한다. 물론 이 자체도 주자학의 기본 이론에 비해 퇴계학의 특수성을 잇는 것으로 평가된다.

이치는 '살아 있는 존재'이다. 비록 기를 통해야 다양한 활동으로 드러날 수도 있고 활동을 멈출 수도 있지만, 그것이 드러나서 운용되는 그 오묘한 이치는 지극히 신령스러운 모습이다. 그러므로 이치는 전혀 활동을 속성으로 갖고 있지 않으면서도 스스로 활동하는 것이지, 전혀 활동을 못 하는 것은 아니다. 또 이치는 주재하지 못하면서도 스스로 주재하는 것이지, 완전하게 주재할 수 없는 것은 결코 아니다.

『대산선생문집』 「독성학집요讀聖學輯要」

우선 이상정은 이치가 기를 통해야 활동이나 판단, 형태 등의 다양한 속성으로 드러날 수 있다는 사실을 인정한다. '사랑'이라는 이치는 사랑하는 두 남녀 사이에서 구체적인 형태로 드러나는 것이지만, 사랑 그 자체는 머릿속에 있는 개념에 불과하다. 따라서 '사랑이라는 이치'는 사람과의 관계 방식 속에 내재하지 않는 한 드러날 수 없는 것처럼, 이치와 기도 그러하다.

하지만 이상정은 구체적인 두 남녀가 어떠한 관계를 맺을 때, '사랑'이라는 이치가 없다면 '사랑의 관계'는 맺을 수 없다고 보았다. 즉 이치가 그 관계 맺음에 직접 개입하여 그 관계가 '사랑'의 표현이 될 수 있도록 적극적으로 통제하고 제어해야 한다는 것이다. 두 남녀가 사랑하게 되는 이유는 두 남녀라는 구체적인 상황 속에서 사랑이라는 이치가 그러한 관계를 맺도록 적극적으로 제어하고 통제했기 때문이라는 말이다. 이처럼 선한 정감은 이치가 기인 정감을 적극적으로 주재하고 통제해서 만들어진 결과물로, 기에 의해 형성된 일반 정감과는 차이가 있다. '이치는 살아 있는 존재'라고 주장했던 이상정의 입장은 바로 여기에서 나온다.

06
단계
선한 정감과 율곡학파의 사단칠정론

단계 설명 ⊙ 기대승의 사단칠정론에 대한 율곡학파의 계승

의미　　 ⊙ 일반 정감이 선한 정감을 포함한다고 보고,
　　　　　기의 활동성을 강조하는 율곡학파의 사단칠정론

원문 대상 ⊙ 이이, 송시열, 한원진

　　퇴계학파와 대별되는 입장으로서의 율곡학파는 기대승의 사단칠정론을 그대로 이어가면서 그 기반 위에서 형성된다. 기대승의 이론이 율곡학파 성리설의 선구적인 역할을 했던 것이다. 그러나 사실 이 이론은 이이가 주자학의 성리설을 충실하게 이해하여 받아들이는 과정에서 기대승의 입장에 찬성을 보낸 것이기도 하다. 퇴계학 내에는 주자학과의 차별적 특징이 상당 부분 포착되는 데 비해, 율곡학은 주자학과 차별적 특징을 보이는 퇴계학에 대한 비판을 통해 형성되고 있기 때문이다. 물론 이러한 과정에서 율곡학 역시 기존 주자학에서 제대로 짚어내지 못했던 영역까지 이론

사단칠정 자세히 읽기

적으로 보완함으로써, 주자학 이론의 완성이라는 측면에서 중요한 의미를 갖는 것은 사실이다.

이와 같은 입장은 우선 선한 정감과 일반 정감의 관계에 대해 본성이 그대로 정감으로 드러나므로, 선한 정감은 일반 정감 가운데 선한 부분만을 의미한다. 더불어 드러난 정감이나 활동의 영역에서 이치와 기의 관계는 '떨어져 있지 않다'는 사실을 중심으로 이해하며, 이치의 능동성이나 주재성에 대해서는 주자학과 마찬가지로 부정적으로 본다. 율곡학파는 이와 같은 주자학의 기본 입장을 지지했던 기대승의 사단칠정 입장을 그대로 받아들여 지속적으로 유지·발전시키면서 성리설의 내용을 채워간다. 이번 장에서는 기대승의 사단칠정 논쟁에서 드러났던 입장이 이후 율곡학파에서 어떻게 유지·발전되는지를 원문을 중심으로 살펴보자.

이이

이이는 그의 호를 딴 율곡학파를 열었던 창시자이다. 이황의 제자이기도 했지만, 이황과 달리 주자학 원론에 충실한 기대승의 사단칠정을 받아들여 그것을 후학들에게 전하면서, 율곡학파의 창시자가 되었다. 특히 그는 이황의 입장에 서서 선한 정감과 일반 정감의 관계를 대립적으로 설정한 성혼牛溪 成渾(1535~1598)과의 논쟁 과정에서 기대승의 입장을 지지하고, 이를 통해 율곡학파의 선한 정감에 대한 입장을 만들어간다. 이 과정에서 그는 이황과의 논쟁 과정에서 보여준 기대승의 논거들을 상당 부분 그대로 받아들인다.

【이이 1】 원문 44

> 퇴계 선생께서는 선함을 선한 정감에 귀속시키고, 다시 "일반 정
> 감 또한 선하지 않음이 없다"라고 말씀하셨습니다. 그렇다면 선
> 한 정감 이외에 또 다른 선한 정감이 있다는 말인데, 이 정감은
> 어디에서 나온 것입니까?
>
> **『율곡선생전서**栗谷先生全書』「**답성호원**答成浩原」

기대승이 이황에게 물었던 것과 동일한 질문이 성혼을 향해 쏟아지고
있다. 이황의 논리대로라면 두 가지 선한 정감이 있다는 말인데, 사단인 선
한 정감은 그렇다 치더라도 일반 정감에서 나온 선한 정감이 '이치'에 근거
하지 않는다면 어디에서 나온 것인지를 묻고 있다. 그렇다면 이이가 생각
한 선한 정감과 일반 정감의 관계는 어떠한 것일까? 그는 다음과 같이 말
한다.

【이이 2】 원문 45

> 사람의 정감이란 기뻐해야 할 때 기뻐喜하고 상喪을 당하면 슬퍼
> 哀하며, 부모와 자식 간에는 서로 사랑愛하고, 이치를 보면 연구
> 하고자 하는 욕망欲이 생기며, 어진 사람을 보면 그 사람과 똑같

아지기를 바라는데欲, 이러한 기쁨·슬픔·사랑·욕망의 네 가지 정감이 바로 '인함의 실마리'(역자 주−타인을 측은하게 여기는 마음으로 선한 정감인 사단 가운데 하나이다)입니다. 분노해야 할 상황을 만나면 분노怒하고 싫어할 일을 만나면 싫어惡하는 것과 같은 분노·싫음의 정감은 바로 '의로움의 실마리'입니다. 존귀한 사람을 보면서 경외하고 두려워懼하는 것과 같은 '두려움의 정감'은 '예의의 실마리'입니다. 기뻐하고 분노하며 슬퍼하고 두려워해야 할 때 마땅히 기뻐하고 분노하며 슬퍼하고 두려워할 줄 아는 것은 '옳음是'에 속하고, 기뻐해서 안 되고 분노해서는 안 되며 슬퍼해서는 안 되고 두려워해서는 안 되는 것을 아는 것이 '옳지 않음非'에 속합니다. 이것은 일반 정감 전체를 통틀어서 옳고 그름을 아는 정감으로, '지혜로움의 실마리'입니다. 만약 선한 정감을 일반 정감에 적용해서 보면 '다른 사람을 측은하게 여기는 마음'은 '사랑愛'과 같은 정감에 속하고 '자신의 잘못에 대해 부끄러워하는 마음'은 '미워함惡'과 같은 정감에 속하며, '다른 사람의 호의나 친절에 대해 사양하는 마음'은 '두려움懼'과 같은 정감에 속하고, '옳고 그름에 대해 스스로 아는 마음'은 기뻐해야 할 경우에 기뻐하고 분노해야 할 경우 분노해야 하는 것을 아는 정감에 속합니다. 그러므로 일반 정감 외에 달리 선한 정감이 있는 것은 아닙니다.

「율곡선생전서」 「답성호원」

이이의 이와 같은 언명은 주희가 기쁨과 성냄, 사랑, 미움과 같은 것은 '다른 사람을 측은하게 여기는 마음'과 다르지 않다고 한 것을 좀더 세밀하게 분석한 것이다. 이이는 이 말을 통해 일반 정감 이외에 선한 정감이 달리 존재하는 것은 결코 아니라고 했다. 선한 정감이 실제로는 일반 정감의 형태와 다르지 않다는 사실을 말하고 있는 것이다.

이와 같은 이이의 언명은 개념적인 선한 정감이 실질적인 정감의 형태로 어떻게 드러나는지를 말한 것이다. 이를 통해 이이는 정감이 두 개가 아니라는 사실, 그리고 그 속에서 선한 정감은 일반 정감 가운데 '선하게 드러난 것'만을 가리킨다는 사실을 논증한다. 실제로 다른 사람을 측은하게 여기는 정감은 그 사람을 사랑하게 되었을 때 느끼는 사랑의 정감이나, 그 사람이 잘못되었을 때 느끼는 슬픔의 정감, 그리고 그 사람이 잘된 것을 바라보면서 느끼는 기쁨의 정감 등으로 구체화된다. 즉 일반 정감의 형태를 띠고 있는데, 그것이 '다른 사람을 대상으로 한 공적 정감'일 경우 선한 정감이다. 일반 정감과 선한 정감이 전혀 다른 형태의 정감이 아니라는 말이다.

기쁨이나 슬픔 등과 같은 정감의 형태와 '타인을 대상으로 한 공적 정감'은 논의의 범주가 다르다. 선한 정감은 악한 정감과 대비되며, 일반 정감은 그것이 사적인가 공적인가에 따라 선일 수도 있고 악일 수도 있는 가능성을 모두 가진다. 따라서 선한 정감과 일반 정감을 대비시키는 것은 범주의 오류이다. 이러한 측면에서 보면 구체적 정감의 형태를 지칭하는 일반 정감과 선과 악의 대비에서 나오는 선한 정감을 대립시키는 것은 옳지 않다. 이이는 이러한 이유에서 '정감의 형태'와 선한 정감은 하나의 정감에 대한 각기 다른 각도에서의 해석으로 이해한다. 기쁨·슬픔·사랑·욕망이라는 일반 정감이 공적 정감으로 발현되면 그것이 곧 타인을 측은하게 여기는 선한 정감이라고 말하는 이유는 여기에 있다.

이러한 입장에서 이이는 정감이 두 개가 아니라는 사실을 분명히 하고, 일반 정감 속에서 선과 악을 대비시킨다.

만약 (퇴계 선생의 말대로) "선한 정감은 이치가 주도적으로 드러나려고 하자 기가 그러한 이치를 따르는 것理發而氣隨之이고, 일반 정감은 기가 드러나려고 하자 이치가 그 기를 타게 된 것氣發而理乘之이다"라고 말한다면 이것은 이치와 기 둘 중에 어떤 것은 앞이 되고 어떤 것은 뒤가 되어서 서로 대치하면서 각기 다른 갈래의 길이 됩니다. 선한 정감과 일반 정감은 각각 그 두 갈래 길에서 나오는 것이니, 사람의 마음에 두 개의 근본이 있는 게 아니겠습니까? 정감이 비록 수없이 많기는 하지만, 그중 어느 것이 이치가 정감으로 드러나지 않고 기 단독으로 정감으로 드러나는 것입니까? 다만 기가 때때로 이치를 가려서 제멋대로 일에 적용되기도 하고, 때때로는 가리지 않아 이치의 명령을 듣기도 하니, 이로 인해 선함과 악함의 차이가 있게 된 것입니다.

『율곡선생전서』 「답성호원」

이이는 이황의 입장과 그 문제점에 대해 정확하게 짚고 있다. 이이에 따르면 사람의 마음은 본성을 근본으로 하며, 그것이 드러나는 양상으로서 정감이 있다. 하나의 근본에서 하나의 정감으로 이어지며, 그러한 정감 가운데 선한 측면과 악한 측면이 있다. 그런데 이황의 입장을 따른다면 마음 속에 두 개의 정감이 존재하고, 동시에 두 개의 각기 다른 근본이 존재한다. 어떤 정감은 기가 단독으로 드러난 것이고 또 어떤 정감은 이치에서 드러난 정감이 된다. 이러한 문제는 주자학 내에서 해결이 불가능하다.

이이는 이러한 점을 지적하면서, 마음 전체를 하나의 본성과 하나의 정감으로 볼 것을 권한다. 일반 정감이 바로 하나의 정감이며, 그것은 하나의 본성으로부터 나온다. '선과 악'의 문제는 이 정감에서 발생한다. 이황이 무리하면서도 '본성'으로부터 선한 정감을 분리시키려 했던 것은 '선함'을 명시적으로 확보하기 위한 것이었다. 이황의 이러한 의도에 대해 이이는 이치인 본성이 드러나는 과정에서 기가 이치를 가리는 경우도 있고, 이치의 명령을 듣는 경우도 있다고 대답한다. 이치에 따라 정감이 그대로 발현되는 경우는 선한 정감이고, 기가 이치를 가려버려서 이치가 제대로 작동하지 못할 때에는 악한 정감이 된다. 선과 악은 일반 정감이 이치의 명령을 듣는 것과 그렇지 않은 것에 의해 판단된다는 말이다.

이와 같은 이유에서 이이는 이치와 기의 관계에 대해서도 '떨어져 있지 않은 상태'를 강조한다. 이미 드러난 정감이라면 이치 따로 기 따로 존재할 수 없기 때문이다.

이치는 기를 주재하는 존재이고, 기는 이치의 주재를 받아 활동하고 움직이는 존재입니다. 이치가 아니면 기는 그 근원이 없고, 기가 아니면 이치는 의지하여 자신을 드러낼 수 있는 존재가 없습니다. 이 때문에 이치와 기는 완전히 별개의 존재도 아니지만, 또한 완전하게 합쳐져서 같은 존재인 것도 아닙니다. 하나로 합쳐져 있는 것이 아니므로 하나이면서 둘이고, 둘로 완전히 나누어진 존재가 아니므로 둘이면서 하나입니다. 완전하게 하나로 합쳐져 있지 않다는 것은 무엇을 말하는 것일까요? 이치와 기는 서로 떨어질 수 없다고 해도 오묘하게 합쳐진 가운데에서 이치는 원래부터 이치이고 기는 원래부터 기인 상태를 유지하면서, 하나로 완전하게 합쳐지지 않습니다. 하지만 비록 "이치는 원래부터 이치이고 기는 원래부터 기인 상태를 유지한다"고 하더라도 이 둘은 한데 섞여 틈도 없고 앞뒤도 없으며 떨어져 있거나 억지로 합쳐놓은 부분이 있는 것도 아니어서, 결코 두 개의 다른 존재가 합쳐진 것처럼 보이지도 않습니다. 이 때문에 둘로 완전하게 나누어진 것도 아닙니다.

「율곡선생전서」「답성호원」

이치와 기의 관계에 대한 주자학의 원론을 그대로 기술한 것이다. 여기에 대해서는 이황을 비롯한 퇴계학파 내에서도 누구 하나 반대할 사람은 없을 것 같다.

하지만 이를 통해 이이는 이황이 이치와 기의 관계를 너무 '떼어놓고 본다'는 비판을 하고 있으며, 동시에 실제로 '발發'하고 운동하는 주체는 '기'임을 명시적으로 제시한다. 따라서 이와 같은 관점을 유지하면 이치가 따로 정감으로 드러난다거나, 이치와 기를 각기 다른 존재로만 파악하려는 입장에 대해서는 반대할 수밖에 없다. 더불어 이와 같은 관점은 드러난 정감이나 현실 상황에 대해서는 이치와 기가 합쳐진 것으로 봄으로써, 이치의 역할보다는 기의 운동성이나 형태 등에 영향을 받는 것으로 정리하게 된다. 이후 기호학파가 마음을 기 중심으로 이해하게 되는 이유는 주희가 그렇게 말했기 때문*이기도 하지만, 동시에 이와 같은 철학적 바탕 위에서 이루어진 것이기도 하다.

송시열

이이의 입장은 이후 율곡학파 또는 기호학파로 지칭되는 학맥을 통해 그대로 유지되면서, 조선의 거대 학파인 퇴계학파와 나란히 하는 또 하나의 거대 학파로 자리를 잡았다. 특히 학파로서의 동류의식을 느끼기 시작하면서 하나의 포맷으로 이론을 만들어 재생산해가는 과정에서 퇴계학파

---

* 주희, 『주자어류』, 권5, 「性理二·性情心意等名義」, "心者, 氣之精爽."

사단칠정 자세히 읽기

에는 이현일이 있었다면 율곡학파에는 송시열이 있었다.

송시열 역시 본성이 정감으로 드러난다는 주자학의 기본 관점을 유지한다. 즉 일반 정감 역시 본성에서 드러난 것이며, 그것은 선한 정감 역시 정감인 이상 그러하다.

선한 정감은 맹자께서 말한 인함仁·의로움義·예의禮·지혜로움智이라는 네 가지 도덕 덕목이 '본성'이 된다. 따라서 선한 정감인 '실마리'를 말하는 것은 또한 네 가지 도덕 덕목만을 말하는 것이다. 선한 정감은 원래 사람의 본성으로부터 정감으로 드러난 것이지만, 칠정 역시 본성으로부터 정감으로 드러난 것이다. 자사께서는 "정감으로 드러나서 그것이 모두 도덕적 상황에 딱 들어맞게 되는 것을 일컬어 '정감의 조화로움和'이다"라고 말씀하셨는데, 주자께서는 그것을 해석하여 "정감으로 드러나지 않는 것은 본성이다"라고 말씀하셨다. 그러면서 또 "본성이 마음의 활동으로 드러난 것이 정감이 아니라면 또 무엇인가?"라고 말씀하셨다.

『송자대전宋子大全』「퇴계사서질의의의이退溪四書質疑義二」

송시열은 '본성이 정감으로 드러난다'는 주자학의 기본 명제에 따라 충실하게 선한 정감과 일반 정감의 관계를 해석한다. 선한 정감은 도덕 덕목이라는 본성을 실현하는 실마리로서의 정감이므로, 그것 역시 본성으로부터 드러난다. 하지만 동시에 송시열은 정감 역시 본성에서 드러난 것으로 이해하면서, 일반 정감과 선한 정감을 모두 정감으로 받아들인다. 본성이 마음의 활동으로 드러났다는 측면에서 모두 정감이라고 보는 것인데, 이것은 주자학의 기본 입장이기도 하다.

그렇다면 선한 정감과 일반 정감은 어떠한 관계일까? 그에 대해서 송시열은 다음과 같이 말한다.

【송시열 2】 원문 49

『중용』과 『맹자』의 말을 종합해서 보면 일반 정감과 선한 정감은 모두 본성에서 나온 것이다. 그러므로 주자께서는 "인함은 원래 본성인데 그것은 '사랑이라는 정감의 이치'가 정감으로 드러나서 '다른 사람을 측은하게 여기는 마음'이 생긴다"고 했으니, 이것이 어떻게 선한 정감과 일반 정감을 합해서 하나로 보려는 의도가 아니겠는가? 다만 본성이 정감으로 드러날 때 이치가 기의 활동에 의지해서 드러나게 되는데, 이때 선한 정감은 기에 의해 가려지는 것이 없기 때문에 이치가 그대로 정감으로 드러난 것이라고 말한다. 이에 비해 일반 정감은 기에 의해 가려져서 이치에 따르지 못하는 경우가 생기기 때문에 기가 정감으로 드러난 것이라고 말한다. 실제 선한 정감이라도 도덕적 상황에 딱 들어맞지 않는다면 그것은 기가 정감으로 드러난 것이라고 말할 수 있고, 일반 정감이 도덕적 상황에 딱 들어맞으면 이 또한 이치가 정감으로 드러난 것이라고 말할 수 있다. 그러므로 한쪽만 고집해서 논할 수는 없다.

『송자대전』 「퇴계사서질의의의이」

송시열 역시 본성이 정감으로 드러난다는 기본 입장을 기반으로 일반 정감과 선한 정감을 정감이라는 측면에서 구분하지 않는다. 다른 사람을 측은하게 여기는 마음은 '사랑愛의 이치인 인仁'이 사랑이라는 정감으로 드러난 것이다. 물론 그러한 사랑이 개인적 사랑에 머무는 것이 아니라 타인을 대상으로 특정 상황에서 도덕적 이치에 맞게 드러나야 하지만 말이다. 따라서 사랑愛이라는 일반 정감이 도덕적 상황에 조화롭게 드러난다면 그것이 바로 선한 정감이다.

'이치가 발한다'거나 '기가 발한다'는 입장에 대해서도 이와 같은 이해의 기반 위에서 이루어진다. 본성에서 정감으로 드러나는 길은 하나의 길인데, 그 길 가운데 본성이 그대로 발하는 것을 막는 사적 욕망이 있으면 그것이 바로 '기가 정감으로 드러난 것'이다. 이에 비해 이치가 기질의 방해 없이 그대로 정감으로 드러나게 되면, 그것이 바로 '이치가 정감으로 드러난 것'이다. 이치와 기가 합해져서 드러나는 양상은 동일하지만, 그 속에서 기에 의해 이치가 가려질 수 있는지 없는지를 가지고 이치가 정감으로 드러난 것인지, 기가 정감으로 드러난 것인지를 가린다는 의미이다.

이와 같은 송시열의 입장은 이치와 기의 관계에 대해서도 마찬가지로 적용된다. 드러나고 활동하는 주체는 기의 영역으로 치환시키고 있는 것이다.

【송시열 3】 원문 50

율곡 선생께서 "선한 정감이라도 기가 정감으로 드러나려고 할 때 이치가 그 위에 탄 것이다. 퇴계가 '선한 정감은 이치가 주도적으로 드러나려고 하자 기가 그러한 이치를 따르는 것理發而氣隨之이고, 일반 정감은 기가 드러나려고 하자 이치가 그 기를 타게 된 것氣發而理乘之이다'라고 말씀하신 것은 선한 정감과 일반 정감이 모두 기가 드러나려고 하매 이치가 그것을 타게 되는 오묘한 조화에 대해서는 전혀 모른 것이다"라고 말씀하셨다. 또 "퇴계가 '이치가 주도적으로 드러나려 하자 기가 그러한 이치를 따른다'고 말하는 이 구절은 이치에 정감이나 의도, 움직임이나 활용, 형태로 드러나는 것 등이 없다는 사실에 대해 크게 잘못 알고 있는 것이다. 이치가 기 속에 있기 때문에 기는 움직임이나 활용, 형태로 드러나는 것 등이 가능한데, 이치는 그 속에 부여되는 것이다. 이것은 『중용』의 첫 번째 장에 대한 주자의 해설을

사단칠정 자세히 읽기

보면 알 수 있다"고 말씀하셨다. 또 "퇴계가 '이치가 주도적으로 드러나려 하자 기가 그러한 이치를 따른다'는 말의 잘못은 '태극 太極'에 관련된 학설을 가지고 보면 더욱 분명하다. 태극이 음과 양을 타고 우주와 만물을 만들었다는 말은 들었어도, 음과 양이 태극을 타고 우주와 만물을 만들었다는 말은 듣지 못했다. 그러므로 주자께서는 '태극은 우주 본체가 본래부터 가진 오묘한 이치이고 움직임을 드러내거나 드러내지 않는 상태動靜는 이치에 따라 움직이는 기틀이다'라고 했는데, 동정動靜이 곧 음양陰陽이다"라고 말씀하셨다.

『송자대전』「주자언론동이고朱子言論同異攷」

이이의 말을 중심으로, 이황이 제시했던 이치의 능동성에 대해 비판을 가하고 있다. 특히 이 글은 '주자의 말과 논지의 같고 다름을 고찰하는 글'로, 성리설 전반에 대한 이론적 재점검 과정에서 나온 것이다. 사실 주희의 말이 여러 경전을 통해 제시되면서 같은 측면도 있고 다르게 표현된 측면들도 있다. 송시열은 이러한 주희의 말들을 모아서 같은 측면은 왜 같고, 다른 측면은 어떻게 해서 다른지를 세밀하게 설명함으로써 주자학이 이론적으로 완비된 형태가 될 수 있도록 하려 했다. 마치 성경이 무오류라고 주장하게 되면서 각기 다른 저자에 의해 기술된 내용을 하나의 체계 속에서 설명하려고 했던 신학자들의 작업과 같다.

여기에서 송시열은 이이의 말을 중심으로 이치의 능동성에 대한 이황의 입장이 여러 측면에서 문제가 있을 수 있음을 지적한다. 그중에 가장 중요한 것은 바로 '이치가 실질적인 운동이나 활동, 정감이나 의지 등의 속성을 가지고 있지 않다'는 사실의 강조이다. 정감은 '기가 드러난 것'이라는 이이의 말은 여기에 기인한다. 이러한 이유에서 이치와 기는 결합되어 있는 구조여야 하고, 그 속에서 이치는 능동적 속성을 갖지 않는다. 모든 움직이는 활동이나 정감은 '기의 속성'이기 때문이다. 이로 인해 율곡학파는 이후 퇴계 학인들로부터 '기를 중시하는 학파'라는 비판에 직면하게 된다.

한원진

이이에서 송시열 그리고 권상하遂菴 權尙夏(1641~1721)로 이어지는 기호의 전통 학맥을 이어받고 있는 한원진南塘 韓元震(1682~1751) 역시 기호학파의 선한 정감에 대한 입장을 그대로 잇고 있다. 특히 그의 선한 정감과 일반 정감에 대한 논의는 김창협農巖 金昌協(1651~1708)과 이루어졌던 사단칠정 및 주자학의 지각知覺 관련 논의에서 잘 드러난다. 이 글은 그의 스승인 권상하의 명에 따른 것이어서, 권상하로부터 한원진으로 이어지는 기본 입장을 잘 확인할 수 있는 자료이기도 하다.

사단칠정 자세히 읽기

선한 정감인 사단을 여러 개로 펼치면 일반 정감인 '칠정'이 되고, 일반 정감을 축약해서 말하면 선한 정감이 되므로, 두 정감은 다른 존재가 아니다. 주자께서는 "사람의 마음이 마음일 수 있는 이유는 네 가지 선한 정감을 벗어나지 않는다"고 했으니, 이 말에서 선한 정감이 일반 정감과 겸하고 있다는 사실을 알 수 있다. 또 "일반 정감은 원래 선한 정감을 가로질러 뚫고 나간 것이다"라고 했으니, 이 말을 통해서는 일반 정감이 선한 정감과 겸하고 있다는 사실을 알 수 있다. 선한 정감과 일반 정감을 비록 하나하나 따로 배분하여 연결시킬 수는 없지만, 서로 통하는 측면이 있어서 하나가 될 수 없는 것도 아니다. 예컨대 사랑愛이나 슬픔哀과 같은 정감이 인함에서 드러나면 선한 정감인 '다른 사람을 측은하게 여기는 마음惻隱之心'에 속하고, 분노나 미움과 같은 정감이 의로움義에서 드러나면 '자신의 잘못에 대해 부끄러워하는 마음羞惡之心'에 속한다. 기쁨喜이나 두려움懼, 욕구欲와 같은 정감이 본성으로부터 드러나기는 했지만 아직 선과 악으로 정해지지 않았다면 그것을 선한 정감인 사단 속에 분배할 수는 없다. 하지만 인함에서 드러난 정감이라면 '다른 사람을 측은하게 여기는 마음'에 속하고 의로움에서 드러난 정감이라면 '자신의 잘못에 대해 부끄러워하는 마음'에 속하며, 예의에서 드러난 정감이라면 '다른 사람을 공경하는 정감恭敬之心'(역자 주: 주자학자들은 '다른 사람의 호의에 대해 사양하는 마음'인 사양지심과 공경지심을 같은 용어로 사용한다)에 속하고, 지혜로움에서 드러난 정감이라면 '자신의 행동에 대해 잘잘못을 가릴 수 있는 마음是非之心'에 속하게 된다. 이처럼 선한 정감은 씨줄이 되고 일반 정감은 날줄이 되어 서로 섞여 있으니, 일반 정감과 선한 정감이 정말 전혀 다른 존재이겠는가?

『남당선생문집습유南塘先生文集拾遺』「농암사칠지각설변農巖四七知覺說辨」

마치 기대승 이후 기호학파에서 논의되던 내용을 종합하고 있는 듯하다. 선한 정감과 일반 정감이 결코 다른 정감이 아니라는 사실을 다양한 논거를 들어 제시한다. 선한 정감을 일곱 개로 펼쳐서 말하면 그것이 일반 정감이고, 일반 정감을 네 개로 축약해서 말하면 그것이 바로 선한 정감이라는 한원진의 말은 선한 정감과 일반 정감에 대한 그의 입장을 단적으로 알 수 있게 한다. 더불어 한원진은 주희가 일반 정감은 '선한 정감을 횡으로 꿰뚫고 있는 것'이라고 말하면서 이 둘을 구분하지 않는다. 선한 정감과 일반 정감은 마치 씨줄과 날줄처럼 얽혀 있는 것이라는 의미이다.

특히 한원진이 중요하게 생각했던 것은 인으로부터 나온 정감이라면 슬픔이나 기쁨과 같은 형태일지라도 그것이 바로 '선한 정감 가운데 하나인 측은지심'이고, 의로움으로부터 나온 정감이라면 그것이 바로 수오지심이라는 점이다. 정감은 같은 정감인데, 드러나는 양상을 가지고 말하면 일반 정감이고, 그것이 선한 가치를 가졌다면 선한 정감이라고 말하는 것이다. 따라서 일반 정감은 드러나는 양상에 대한 규정이고, 선한 정감은 그러한 정감에 대한 선악의 속성을 가지고 내리는 규정이다. 같은 정감에 대해 바라보는 기준이 다른 것으로, 이것은 기대승 이후 기호학파에서 줄 곧 주장했던 내용이다. 씨줄과 날줄이라는 것은 결국 각각 보는 관점이나 얽혀 있는 방식에 따라 다른 것이지, 정감이라는 규정은 하나라는 의미로 이해할 수 있다.

이와 같은 한원진의 입장은 이치와 기의 관계 및 이치의 능동성에 대한 다음과 같은 입장에 따른 것이다.

'리가 중심이 된다主理'느니 '기가 중심이 된다主氣'느니 하는 말은 오직 정감으로 드러났을 때 그 속에 있는 선과 악에 관련시켜서 만 말할 수 있다. 정감이 선하게 드러나는 것을 가리켜서 이치가 중심이 된 것이라고 말하는 때에라도, '정감으로 드러나는 과정 에서 이치가 그것을 주도한다는 사실'을 말하는 것이 아니다. 선 과 악을 막론하고 그것은 모두 기의 주도 아래 드러나고, 그 위 에 타는 것이 이치이다. 그중 선한 것은 이치로부터 바로 정감으 로 드러난 것이므로 이치가 중심이 된다고 했고, 악한 것은 기가 부리는 대로 정감이 드러나므로 기가 중심이 된다고 했던 것이 다. 그런데 만약 선한 정감과 일반 정감이 모두 선과 악을 함께 가지고 있는데, 여기에 대해 이치를 중심으로 한 것과 기를 중심으로 한 것을 대립시켜 말한다면, 이치는 스스로 한쪽으로 드러나는 정감의 중심이 되어서 선도 있고 악도 있게 되며, 기 역시 스스로 또 다른 한쪽으로 드러나는 정감의 중심이 되어 선도 있고 악도 있게 되니, 이것은 분명히 두 가지 길로 정감이 드러나는 것이다. 그래서 비록 앞에서 말한 것처럼 선한 정감은 순수하게 선하기만 하고 일반 정감은 선과 악을 겸하고 있다 해도, 선한 정감은 '일반 정감 가운데 선한 것'과는 다른 것이 된다. 또 이치가 중심인 것과 기가 중심인 것을 나누고 대립시켜 말하게 되면 선한 정감에서 '이치를 중심으로 순수하게 선하기만 한 선'이 따로 있고 일반 정감 가운데 '기를 중심으로 선을 겸한 선'도 있게 되므로, 선한 정감四端 외에 또 다른 선한 정감이 있게 된다. 이것은 이치와 기가 서로 갈라져서 각기 다르게 작용하는 것이니, 진실로 이렇게 고칠 수도 없고 선한 정감의 조목도 사람의 마음이 가진 선함을 벗어나지 않는다.

『남당선생문집습유』「농암사칠지각설변」

이치와 기, 그리고 선한 정감과 일반 정감에 대한 기호학파의 입장이 잘 드러나 있는 글이다. 사실 이 말은 범주 사이를 넘나들고 있기 때문에 정확한 의미로 번역하기도 쉽지 않고, 정확히 이해하기도 쉽지 않다. 그러나 여기에서 우리가 분명하게 확인할 수 있는 내용은 몇 가지가 있다.

사단칠정 자세히 읽기

우선 '이치가 중심이 된다'는 말과 '기가 중심이 된다'는 말이 어디에 적용될 수 있을지에 대한 것이다. 이황으로부터 이상정에 이르기까지 퇴계학인들은 모두 선한 정감이 발현되는 과정에서 '이치가 주도적으로 기를 통제'한다는 의미로 이해했다. 즉 정감이 되는 과정에서 이치가 주도하는지, 기가 주도하는지를 가지고 이 말을 사용한 것이다. 하지만 한원진은 이말이 여기에서 사용될 수 있는 말이 아님을 분명히 한다. 그는 정감으로 드러나는 과정을 주도하는 것은 오로지 '기'밖에 없다고 말한다. 다만 선과 악으로 정감이 나뉘는 과정에서 이치를 따르는 것과 기에 의해 가려진 정감이 있을 뿐, 본성에서 정감으로 발현되는 과정에서는 오로지 이치와 기의 결합을 통해서만 가능하다. 퇴계학파에서 말하는 이치의 능동성을 결코 인정하지 않는 대목이다.

다만 정감이 발현된 이후, 그것이 어떠한 상황에서 드러나면서 이치가 중심이 되는 경우도 있고 기가 중심이 되는 경우도 있다. 정감의 단계에서 선과 악으로 나누어질 때 기에 의해 이치가 가려지지 않음으로써 이치가 정감의 형태로 드러나는 경우와 기에 의해 이치가 가려짐으로써 사적 정감으로 드러나는 경우로 나뉘는 것이다. 따라서 정감의 영역에서 기가 이치를 가리지 않을 수 있도록 하는 노력이 필요하다.

한원진이 보기에 이황은 이러한 기본 입장에 대해 이해하지 못했기 때문에 마치 마음속에 정감이 두 개인 것처럼 논의를 진행하거나, 혹은 각기 다른 근원으로부터 나오는 두 개의 '선함'이 있게 되었던 것이다. 이러한 입장은 이치와 기의 결합으로서 드러나는 정감에 대해 이치는 이치대로, 기는 기대로 따로 정감을 만드는 것과 같은 결과를 낳게 되었다고 비

판한다. 퇴계학이 주장하는 사단칠정론에 대한 한원진의 종합적인 비판
이다.

四立端崙

七小情

1단계

【 예 기 1 】 원문 1

何謂人情? 喜怒哀懼愛惡欲, 七者弗學而能. 何謂人義? 父慈, 子孝, 兄良, 弟弟, 夫義, 婦聽, 長惠, 幼順, 君仁, 臣忠, 十者謂之 人義. 講信修睦, 謂之人利. 爭奪相殺, 謂之人患. 故聖人之所以 治人七情, 修十義, 講信, 修睦, 尙辭讓, 去爭奪, 舍禮何以治之? (『禮記』「禮運」)

【 중 용 1 】 원문 2

喜怒哀樂之未發謂之中, 發而皆中節謂之和. 中也者, 天下之大本 也, 和也者, 天下之達道也. 致中和, 天地位焉, 萬物育焉. (『中庸』 1章)

2단계

【 맹 자 1 】 원문 3

孟子曰, 人之所以異於禽於獸者幾希. 庶民去之, 君子存之. 舜明於庶物, 察於人倫, 由仁義行, 非行仁義也.(『孟子』「離婁下」19)

【 맹자 2 】 원문 4

孟子曰, 人皆有不忍人之心. 先王有不忍人之心, 斯有不忍人之政
矣. 以不忍人之心, 行不忍人之政, 治天下, 可運之掌上. 所以謂人
皆有不忍人之心者. 今人乍見孺子將入於井, 皆有怵惕惻隱之心.
非所以內交於孺子之父母也. 非所以要譽於鄕黨朋友也, 非惡其
聲而然也. 由是觀之, 無惻隱之心, 非人也. 無羞惡之心, 非人也.
無辭讓之心, 非人也. 無是非之心, 非人也. 惻隱之心, 仁之端也,
羞惡之心, 義之端也, 辭讓之心, 禮之端也, 是非之心, 智之端也.
人之有是四端也, 猶其有四體也. (『孟子』「公孫丑上」6)

【 맹자 3 】 원문 5

凡有四端於我者, 知皆擴而充之矣, 若火之始然, 泉之始達. 苟能
充之, 足以保四海. 苟不充之, 不足以事父母. (『孟子』「公孫丑上」6)

【 맹자 4 】 원문 6

孟子曰, 乃若其情則可以爲善矣, 乃所謂善也. 若夫爲不善, 非才
之罪也. 惻隱之心, 人皆有之, 羞惡之心, 人皆有之. 恭敬之心, 人
皆有之, 是非之心, 人皆有之. 惻隱之心仁也, 羞惡之心義也, 恭
敬之心禮也, 是非之心智也. 仁義禮智, 非由外鑠我也, 我固有之
也, 弗思耳矣. 故曰求則得之, 舍則失之, 或相倍蓰而無算者, 不

能盡其才者也. 詩曰天生蒸民, 有物有則, 民之秉夷, 好是懿德.
孔子曰, 爲此詩者, 其知道乎, 故有物必有則, 民之秉夷也, 故好是
懿德.(『孟子』「告子上」6)

3단계

【 주 희 1 】 원문 7
性是心之道理, 心是主宰於身者. 四端便是情, 是心之發見處. 四
者之萌皆出於心, 而其所以然者, 則是此性之理所在也.(朱熹,『朱
子語類』, 卷5,「性理二·性情心意等名義」)

【 주 희 2 】 원문 8
惻隱·羞惡·辭讓·是非, 情也. 仁義禮智, 性也. 心統情性者也.
端, 緒也. 因情之發露, 而後性之本然者可得而見.(朱熹,『朱子語
類』, 卷53,「孟子三·公孫丑上之下」)

【 주 희 3 】 원문 9
捨心則無以見性, 捨性又無以見心, 故孟子言心性, 每每相隨說.
仁義禮智是性, 又言"惻隱之心·羞惡之心·辭遜·是非之心", 更細
思量.(朱熹,『朱子語類』, 卷5,「性理二·性情心意等名義」)

【주희 4】 원문 10

惻隱·羞惡, 是仁義之端. 惻隱自是情, 仁自是性, 性卽是這道理.
仁本難說, 中間却是愛之理, 發出來方有惻隱. 義却是羞惡之理,
發出來方有羞惡. 禮却是辭遜之理, 發出來方有辭遜. 智却是是
非之理, 發出來方有是非. 仁義禮智, 是未發底道理, 惻隱·羞惡·
辭遜·是非, 是已發底端倪.(朱熹, 『朱子語類』, 卷53, 「孟子三·公孫
丑上之下」)

【주희 5】 원문 11

惻隱羞惡, 也有中節·不中節. 若不當惻隱而惻隱, 不當羞惡而羞
惡, 便是不中節.(朱熹, 『朱子語類』, 卷53, 「孟子三·公孫丑上之下」)

【주희 6】 원문 12

"四端是理之發, 七情是氣之發." 問: "看得來如喜怒愛惡欲, 却似
近仁義." 曰: "固有相似處."(朱熹, 『朱子語類』, 卷53, 「孟子三·公孫
丑上之下」)

【주희 7】 원문 13

問, "喜怒哀懼愛惡欲是七情, 論來亦自性發. 只是惡自羞惡發出,
如喜怒愛欲, 恰都自惻隱上發." 曰, "哀懼是那箇發? 看來也只是
從惻隱發, 蓋懼亦是怵惕之甚者. 但七情不可分配四端, 七情自於
四端橫貫過了."(朱熹, 『朱子語類』, 卷87, 「禮四·禮運」)

사단칠정 자세히 읽기

【 주희 8 】원문 14

劉圻父問七情分配四端. 曰, "喜怒愛惡是仁義, 哀懼主禮, 欲屬水, 則是智. 且粗恁地說, 但也難分."(朱熹, 『朱子語類』, 卷87, 「禮四‧禮運」)

4단계

【 이황 1 】원문 15

又因士友間, 傳聞所論四端七情之說. 鄙意於此亦嘗自病其下語之未穩, 逮得砭駁, 益知疎繆. 卽改之云, "四端之發純理, 故無不善. 七情之發兼氣, 故有善惡." 未知如此下語無病否.[『高峯全集』에 실려 있는 내용을 저본으로 함](李滉‧奇大升, 『兩先生四七理氣往復書』上篇, 卷1, 「退溪與高峰書」)

【 기 대 승 1 】원문 16

後來伏奉示喩, 改之以"四端之發純理, 故無不善, 七情之發兼氣, 故有善惡"云云. 則視前語尤分曉, 而鄙意亦以爲未安者. 盖以四端七情, 對擧互言, 而揭之於圖, 或謂之無不善, 或謂之有善惡, 則人之見之也, 疑若有兩情. 且雖不疑於兩情, 而亦疑其情中有二善, 一發於理, 一發於氣者, 爲未當也.(李滉‧奇大升, 『兩先生四七理氣往復書』上篇, 卷1, 「高峯答退溪論四端七情書」)

【이황 2】원문 17

往年, 鄭生之作圖也, 有四端發於理, 七情發於氣之說. 愚意亦恐
其分別太甚, 或致爭端. 故改下純善兼氣等語. 盖欲相資以講明,
非謂其言之無疵也.(李滉·奇大升, 『兩先生四七理氣往復書』上篇,
卷1,「退溪答高峰四端七情分理氣辯」)

【기대승 2】원문 18

夫理, 氣之主宰也, 氣, 理之材料也, 二者固有分矣. 而其在事物
也, 則固混淪而不可分開. 但理弱氣强, 理無眹而氣有跡. 故其流
行發見之際, 不能無過不及之差, 此所以七情之發, 或善或惡, 而
性之本體, 或有所不能全也. 然其善者, 乃天命之本然, 惡者, 乃
氣稟之過不及也, 則所謂四端七情者, 初非有二義也.(李滉·奇大
升, 『兩先生四七理氣往復書』上篇, 卷1,「高峰上退溪四端七情說」)

【이황 3】원문 19

惻隱羞惡辭讓是非, 何從而發乎? 發於仁義禮智之性焉爾. 喜怒
哀懼愛惡欲, 何從而發乎? 外物觸其形而動於中, 緣境而出焉爾.
四端之發, 孟子旣謂之心, 則心固理氣之合也, 然而所指而言者,
則主於理何也? 仁義禮智之性, 粹然在中, 而四者其端緒也. 七情
之發, 朱子謂本有當然之則, 則非無理也. 然而所指而言者, 則在
乎氣何也? 外物之來, 易感而先動者, 莫如形氣, 而七者其苗脉
也. 安有在中爲純理, 而才發爲雜氣, 外感則形氣, 而其發爲理之

사단칠정 자세히 읽기

本體耶? 四端皆善也, 故曰無四者之心, 非人也, 而曰乃若其情則
可以爲善矣. 七情, 善惡未定也, 故一有之而不能察, 則心不得其
正, 而必發而中節, 然後乃謂之和. 由是觀之, 二者雖曰皆不外乎
理氣, 而因其所從來, 各指其所主與所重而言之, 則謂之某爲理
某爲氣, 何不可之有乎?(李滉·奇大升,『兩先生四七理氣往復書』上
篇, 卷1,「退溪答高峰四端七情分理氣辯」)

【 기 대 승 3 】 원문 20

四端七情, 固均是情也, 而其立名有異者, 豈非所就而言之不同
乎? 大升前說之意, 政是如此, 而來辯亦以爲然焉. 然其所謂'所
就以言之不同'一句, 若通之以鄙說, 則不妨, 本是一情而言之者
有不同. 若質之以來辯, 則四端七情, 各有所從來, 而非但言之者
不同也. 是則雖同是一語, 而彼此主意, 各有所在, 不可不察也.
(李滉·奇大升,『兩先生四七理氣往復書』上篇, 卷1,「高峰上退溪四端
七情說」)

【 이 황 4 】 원문 21

夫四端情也, 七情亦情也. 均是情也, 何以有四七之異名耶? 來
喩所謂, 所就以言之者不同, 是也. 盖理之與氣, 本相須以爲體,
相待以爲用. 固未有無理之氣, 亦未有無氣之理. 然而所就而言
之不同, 則亦不容無別. 從古聖賢, 有論及二者, 何嘗必滾合爲一
物, 而不分別言之耶?(李滉·奇大升,『兩先生四七理氣往復書』上篇,

원문 및 함께 읽어볼 자료

卷1,「退溪答高峰四端七情分理氣辯」)

【 이황 5 】 원문 22

辯誨曰,‘如來辯則四七各有所從來, 非但言之者不同.’ 滉謂, 雖
同是情, 而不無所從來之異, 故昔之言之者, 有不同矣. 若所從來
本無異, 則言之者, 何取而有不同耶. 孔門未備言, 子思道其全, 於
此固不用所從來之說. 至孟子剔撥而說四端時, 何可不謂指理發
一邊而言之乎? 四之所從來, 旣是理, 七之所從來, 非氣而何?(李
滉·奇大升,『兩先生四七理氣往復書』上篇, 卷1,「退溪答高峯非四端
七情分理氣辯第二書」)

【 기대승 4 】 원문 23

朱子弟子問中亦曰, “如惻隱者氣, 其所以能是惻隱者, 理也.” 此
語尤分曉. 但其氣順發出來, 非有翻騰紛擾之失爾. 來辯, 以七情
爲緣境而出, 爲形氣所感, 旣皆未安. 而至乃謂之外感於形氣, 而
非理之本體, 則甚不可. 若然者, 七情是性外之物, 而子思之所謂
和者, 非也, 抑又有大不然者. 孟子之喜而不寐, 喜也, 舜之誅四
凶, 怒也, 孔子之哭之慟, 哀也, 閔子子路冉有子貢, 侍側而子樂,
樂也, 玆豈非理本體耶? 且如尋常人, 亦自有天理發見時節. 如見
其父母親戚, 則欣然而喜, 見人死喪疾痛, 則惻然而哀, 又豈非理
之本體耶? 是數者, 若皆形氣所爲, 則是形氣性情, 不相干也, 其
可乎. 辯曰, “四端皆善, 止, 可以爲善矣.” 愚謂此正延平先生所謂,

사단칠정 자세히 읽기

'孟子之說, 出於子思者也.' 辯曰, "七情善惡, 止, 乃謂之和." 愚按
程子曰, "喜怒哀樂未發, 何嘗不善? 發而中節, 則無往而不善." 然
則四端固皆善也, 而七情亦皆善也. 惟其發不中節, 則偏於一邊,
而爲惡矣, 豈有善惡未定者哉? 今乃謂之善惡未定, 又謂之一有
之而不能察, 則心不得其正, 而必發而中節然後, 乃謂之和, 則是
七情者, 其爲穴長無用, 甚矣. 而況發未中節之前, 亦將以何者而
名之耶? (李滉·奇大升,『兩先生四七理氣往復書』上篇, 卷1,「高峯答
退溪論四端七情書」)

【 기대승 5 】 원문 24

按此數段, 極論四端七情之所以然, 正是一篇緊要處. 然太以理
氣分開說去, 而所謂氣者, 非復以理與氣雜而言之, 乃專指氣也.
故其說, 多倚於一偏. (李滉·奇大升,『兩先生四七理氣往復書』上篇,
卷1,「高峯答退溪論四端七情書」)

【 이황 6 】 원문 25

今之所辯, 則異於是, 喜同而惡離, 樂渾全而厭剖析. 不究四端七
情之所從來, 槩以爲兼理氣有善惡, 深以分別言之爲不可. 中間
雖有, "理弱氣强, 理無朕氣有跡"之云, 至於其末, 則乃以氣之自
然發見, 爲理之本體然也. 是則遂以理氣爲一物, 而無所別矣. 近
世羅整庵, 倡爲理氣非二物之說, 至以朱子說爲非. 是滉尋常未
達其指, 不謂來喩之意亦似之也? (李滉·奇大升,『兩先生四七理氣

往復書』上篇, 卷1, 「退溪答高峰四端七情分理氣辯」)

【 이황 7 】 원문 26

辯誨曰, "就天地人物上, 分理與氣, 不害, 就性上論, 理墮在氣中,
若論情, 則性墮在氣質, 兼理氣有善惡分屬, 未安". 滉謂就天地人
物上看, 亦非理在氣外, 猶可以分別言之, 則於性於情, 雖曰理在
氣中, 性在氣質, 豈不可分別言之. 盖人之一身, 理與氣合而生, 故
二者互有發用, 而其發又相須也. 互發則各有所主可知, 相須則互
在其中可知. 互在其中, 故渾淪言之者固有之, 各有所主, 故分別
言之而無不可. 論性而理在氣中, 思孟猶指出本然之性, 程張猶指
論氣質之性, 論情而性在氣質, 獨不可各就所發, 而分四端七情
之所從來乎. 兼理氣有善惡, 非但情爾, 性亦然矣, 然安得以是爲
不可分之驗耶. 從理在氣中處言故云性亦然矣.(李滉·奇大升, 『兩
先生四七理氣往復書』上篇, 卷1, 「退溪答高峯非四端七情分理氣辯
第二書」)

【 기대승 6 】 원문 27

夫以四端發於理, 七情發於氣, 大綱固不不是, 至於極論其所以
然, 則乃以七情之發, 爲非理之本體, 又以氣之自然發見者, 亦非
理之本體, 則所謂發於理者, 於何而見之, 而所謂發於氣者, 在理
之外矣. 此正太以理氣分說之失, 不可不察也. 羅整庵所論, 不曾
見得, 不知如何, 若据此一句, 則其悞甚矣. 若大升則固非以理氣

爲一物, 而亦不謂理氣非異物也.(李滉・奇大升, 『兩先生四七理氣往復書』上篇, 卷1, 「高峯答退溪論四端七情書」)

【이황 8】원문 28

辯誨曰, '非中無是理, 外物偶相感動, 感物而動, 四端亦然.' 滉謂此說固然. 然此段所引樂記朱子之說, 皆所謂渾淪言之者, 以是攻分別言之者, 不患無其說矣. 然而所謂分別言者, 亦非滉鑿空杜撰之論, 天地間, 元有此理, 古之人, 元有此說. 今必欲執一而廢一, 無乃偏乎. 盖渾淪而言, 則七情兼理氣, 不待多言而明矣. 若以七情對四端, 而各以其分言之, 七情之於氣, 猶四端之於理也, 其發各有血脉, 其名皆有所指, 故可隨其所主, 而分屬之耳. 雖滉亦非謂七情不干於理, 外物偶相湊著而感動也. 且四端感物而動, 固不異於七情. 但四則理發而氣隨之, 七則氣發而理乘之耳.(李滉・奇大升, 『兩先生四七理氣往復書』上篇, 卷1, 「退溪答高峯非四端七情分理氣辯第二書」)

【이황 9】원문 29

古人以人乘馬出入, 譬理乘氣而行正好. 盖人非馬不出入, 馬非人失軌途, 人馬相須不相離. 人有指說此者, 或泛指而言其行, 則人馬皆在其中, 四七渾淪而言者是也. 或指言人行, 則不須並言馬, 而馬行在其中, 四端是也. 或指言馬行, 則不須並言人, 而人行在其中, 七情是也. 今見滉分別而言四七, 則每引渾淪言者以攻之,

是見人說"人行馬行", 而力言人馬一也, 不可分說也. 見滉以氣發言七情, 則力言理發, 是見人說"馬行", 而必曰人行也. 見滉以理發言四端, 則又力言氣發, 是見人說"人行", 而必曰馬行也. 此正朱子所謂迷藏之戲相似, 如何如何.(退溪答高峯非四端七情分理氣辯第二書-이황)

【 기 대 승 7 】 원문 30

夫以四端之情, 爲發於理, 而無不善者, 本因孟子所指而言之也, 若泛就情上細論之, 則四端之發, 亦有不中節者, 固不可皆謂之善也. 有如尋常人, 或有羞惡其所不當羞惡者, 亦有是非其所不當是非者. 盖理在氣中, 乘氣以發見, 理弱氣强, 管攝他不得, 其流行之際, 固宜有如此者, 烏可以爲情無有不善, 又烏可以爲四端無不善耶? 此正學者, 精察之地. 若不分眞妄, 而但以爲無不善, 則其認人欲而作天理者, 必有不可勝言者矣. 如何如何? 然大升從來所陳, 皆以四端爲理爲善, 而今又以爲四端之發, 亦有不中節者. 其語自相矛盾, 想先生, 更以爲怪也. 然若究而言之, 則亦不妨有是理, 而自爲一說也. 伏幸將入思議何如.(李滉·奇大升, 『兩先生四七理氣往復書』上篇, 卷1, 「高峯答退溪論四端七情書」)

5단계

【 이현일 1 】 원문 31

退陶李先生嘗與高峯奇氏有四端七情辨, 反復論難, 久乃歸一, 其後有栗谷李氏者出, 斥退陶之定論, 拾高峯之前說, 以爲高峯之說, 明白直截, 退溪之論, 義理不明, 肆加譏誚, 不少顧忌, 間或不能盡乎人言, 而勒加把持其說, 縱橫顚倒, 參錯重出, 足以眩夫未嘗學問之庸人.(李玄逸,『葛庵先生文集』, 卷18,「雜著·栗谷李氏論四端七情書辨」)

【 이현일 2 】 원문 32

"蓋其所從來, 各有所主, 自其根本而已然, 初非發則一途, 而旣發之後, 擇善一邊而爲四端也. 愚故曰, 四端七情, 立言命意, 自不相蒙, 不必牽引配合而強爲一說也.(李玄逸,『葛庵先生文集』, 卷18,「雜著·栗谷李氏論四端七情書辨」)

【 이현일 3 】 원문 33

竊謂理與氣, 決是二物, 雖其方在氣中, 理自理, 氣自氣, 不相夾雜.(李玄逸,『葛庵先生文集』, 卷19,「雜著·愁州管窺錄」)

【 이현일 4 】 원문 34

其感物而動, 則或理動而氣挾之, 或氣動而理乘之. 雖在氣上,渾淪不可分開, 然不害二物之各爲一物也.(李玄逸,『葛庵先生文集』, 卷19,「雜著·愁州管窺錄」)

【이현일 5】 원문 35

夫理氣固不相離. 然方其乍見孺子入井時, 心中本有之理隨觸而發, 心包蓄不住, 氣著脚手不得此三轉語節略朱子語. 則惻隱豈非理之發耶.(李玄逸,『葛庵先生文集』, 卷18,「雜著·栗谷李氏論四端七情書辨」)

【권상일 1】 원문 36

理之在氣中, 猶水之盛於器. 雖水自水器自器, 而水自離器不得. 若徒知其不相離, 而混合爲說, 則不覺入於指水爲器之病矣. 栗翁所見, 以爲理則靜而氣則動, 理則體而氣則用, 理則無爲而氣則有爲, 以理認作一箇死物, 而所謂日用事物當然之則者, 以氣當之. 其首尾本末只是一般事物, 故其說如此. 栗翁於理氣, 只要不相離看, 故不分四七, 有曰, "四端是七情中善一邊", 又曰, "發者氣所以發者理", 就分析處作渾淪說, 此恐未安.(權相一,『淸臺集』, 卷15,「觀書綠」)

【권상일 2】 원문 37

四端出於本然之性, 七情出於氣質之性. 氣若順理發皆中絶, 則哀似惻隱, 怒似羞惡. 然究其所從來, 則其苗脈不同. 以其相似而

사단칠정 자세히 읽기

不能分明辨別, 則認哀爲惻隱, 認怒爲羞惡者多矣. 此所謂認氣爲理. 其病原於不分理氣爲一物者.(權相一,『淸臺集』, 卷15,「觀書綠」)

【이상정 1】원문 38

自夫文成之徒, 專主渾淪之論, 則後之議者, 不得不摘其偏而訂其謬. 此曾王父, 所以苦心極力, 以用其一生之力, 其略渾淪, 而詳分開, 明其所異, 而不甚言所同.(李象靖,『大山先生文集』, 卷39,「雜著·四端七情說」)

【이상정 2】원문 39

二情之發, 非齊頭俱動並轡偕出, 又非各占一邊而自爲動靜也.(李象靖,『大山先生文集』, 卷39,「雜著·四端七情說」)

【이상정 3】원문 40

隨事而感, 互相資乘, 而但於其中, 見其有主理主氣之分耳, 亦何有二岐之疑哉.(李象靖,『大山先生文集』, 卷39,「雜著·四端七情說」)

【이상정 4】원문 41

彼見理氣之不離而爲四端亦氣發者, 固見一而不知二, 其弊也鶻侖無別.(李象靖,『大山先生文集』, 卷39,「雜著·四端七情說」)

【 이상정 5 】 원문 42

夫彼所謂同, 同而無異, 而吾所謂同, 同而異. 彼所謂一, 一而不二, 而吾所謂一, 一而二. 彼但有渾淪, 而吾以分開者而兼言, 彼但有一道, 而吾以互發者而兼論.(李象靖,『大山先生文集』, 卷20,「答李希道」)

【 이상정 6 】 원문 43

蓋理是活物, 雖乘氣而爲動靜, 而其發揮運用之妙, 則乃其至神之用耳. 故無爲而爲, 非泯然無爲也, 不宰而宰, 非冥然無宰也.(李象靖,『大山先生文集』, 卷40,「讀聖學輯要」)

6단계

【 이이 1 】 원문 44

且退溪先生旣以善歸之四端, 而又曰, 七者之情, 亦無有不善, 若然則四端之外, 亦有善情也, 此情從何而發哉.(李珥,『栗谷先生全書』, 卷9,「書一·答成浩原」)

【 이이 2 】 원문 45

夫人之情, 當喜而喜, 臨喪而哀, 見所親而慈愛, 見理而欲窮之, 見賢而欲齊之者, 已上喜哀愛欲四情仁之端也, 當怒而怒, 當惡而惡者, 怒惡二情義之端也, 見尊貴而畏懼者, 懼情禮之端也, 當

喜怒哀懼之際, 知其所當喜所當怒所當哀所當懼, 此屬是又知其
所不當喜所不當怒所不當哀所不當懼者, 此屬非此合七情而知其
是非之情也智之端也, 善情之發, 不可枚擧, 大概如此, 若以四端,
準于七情, 則惻隱屬愛, 羞惡屬惡, 恭敬屬懼, 是非屬于知其當喜
怒與否之情也, 七情之外, 更無四端矣.(李珥, 『栗谷先生全書』, 卷9,
「書二·答成浩原」)

【 이 이 3 】 원문 46

今若曰四端理發而氣隨之, 七情氣發而理乘之, 則是理氣二物,
或先或後, 相對爲兩岐, 各自出來矣. 人心豈非二本乎. 情雖萬般,
夫孰非發於理乎, 惟其氣或掩而用事, 或不掩而聽命於理, 故有
善惡之異.(李珥, 『栗谷先生全書』, 卷9, 「書一·答成浩原」)

【 이 이 4 】 원문 47

夫理者, 氣之主宰也, 氣者, 理之所乘也, 非理則氣無所根柢, 非
氣則理無所依著, 旣非二物, 又非一物, 非一物, 故一而二, 非二
物, 故二而一也, 非一物者, 何謂也, 理氣雖相離不得, 而妙合之
中, 理自理氣自氣, 不相挾雜, 故非一物也, 非二物者, 何謂也, 雖
曰理自理氣自氣, 而渾淪無間, 無先後無離合, 不見其爲二物, 故
非二物也.(李珥, 『栗谷先生全書』, 卷9, 「書二·答成浩原」)

【송시열 1】원문 48

夫所謂四端者, 孟子以仁義禮智四者爲性. 故言其端而亦只言四矣. 其實四端固出於性也, 七情亦出於性也. 子思曰發而皆中節謂之和, 朱子釋之曰其未發則性也. 又曰性之發用, 非情而何.(宋時烈, 『宋子大全』, 卷133, 「雜著·退溪四書質疑疑義二」)

【송시열 2】원문 49

大抵以中庸孟子合而觀之, 則七情四端, 皆出於性者也. 故朱子曰仁自是性, 却是愛之理發出來, 方有惻隱, 此豈非四端七情合一之意耶. 惟其發出之時, 理乘氣而發, 而四端不爲氣所掩, 則謂之理之發. 七情或掩於氣而不爲直遂, 則謂之氣之發. 其實四端之不中節者, 亦可謂氣之發, 七情之中節者, 亦可謂理之發. 不可執一而論也.(宋時烈, 『宋子大全』, 卷133, 「雜著·退溪四書質疑疑義二」)

【송시열 3】원문 50

栗谷曰四端亦氣發而理乘之, 退溪謂四端理發而氣隨之, 七情氣發而理乘之, 殊不知四端七情皆氣發而理乘之之妙也. 又曰退溪理發而氣隨之此一句, 大誤理是無情意運用造作之物, 理在氣中, 故氣能運用作爲而理亦賦焉, 觀於中庸首章章句可見矣. 又曰退溪理發氣隨之誤, 以太極說觀之則尤曉然, 聞太極乘陰陽而流行, 未聞陰陽乘太極而行也, 故朱子曰太極者本然之妙也, 動靜

사단칠정 자세히 읽기

者所乘之機也, 動靜卽陰陽也.(宋時烈, 『宋子大全』, 卷130, 「雜著·
朱子言論同異攷」)

【 한 원 진 1 】 원문 51

盖四端衍之爲七情, 七情約之爲四端, 非有二也. 故朱子曰, 人之
所以爲心, 不外是四者云, 則四端之兼七情, 可知矣. 又曰, 七情自
於四端橫貫過了云, 則七情之兼四端, 又可知矣. 四端七情, 雖不
可一一分配, 要亦未嘗不會通爲一也. 愛哀發於仁, 則惻隱之屬
也, 怒惡發於義, 則羞惡之屬也, 喜懼欲之發於性, 未有定也, 則
其於四端, 雖亦不可分配, 然發於仁者, 皆惻隱之屬也, 發於義
者, 皆羞惡之屬也, 發於禮者, 皆恭敬之屬也, 發於智者, 皆是非
之屬也. 四端爲經, 七情爲緯, 而錯綜爲一, 則七情四端, 果是二
物乎.(韓元震, 『南塘先生文集拾遺』, 卷6, 「雜著· 農巖四七知覺說
辨」)

【 한 원 진 2 】 원문 52

主理主氣, 惟於情之善惡者可言. 然善情之發, 謂之理主者, 亦非
謂發動之權在理也. 無論善惡, 發之者皆氣, 乘之者是理. 而善者
發於理之直遂, 故謂之理主, 惡者生於氣之所使, 故謂之氣主耳.
若四端七情, 則皆兼善惡, 若於此而以主理主氣對言, 則是理自主
一途之發而有善有惡, 氣自主一途之發而亦有善有惡, 分明有二
途之發矣. 雖使如此錄之說而四端純善, 七情兼善惡, 然不以四

端爲七情中之善, 而乃以主理主氣分對說, 則旣有四端主理純善之善, 又有七情主氣兼善之善, 而四端之外, 復有善情矣. 其理氣分途互作, 固無改也, 而四端之目, 又不足以盡人心之善矣.(韓元震, 『南塘先生文集拾遺』, 卷6, 「雜著‧農巖四七知覺說辨」)

2. 더 참고하면 좋은 자료

| 김기현, 『조선조를 뒤흔든 논쟁』 상·하, 길, 2000.

| 김영두, 『퇴계와 고봉, 편지를 쓰다』, 소나무, 2006.

| 민족과사상연구회, 『사단칠정론』, 서광사, 1992

| 박일순, 『하나이면서 둘, 둘이면서 하나: 사단칠정』, 다해, 2000.

| 최영진, 『한국철학사: 16개의 주제로 읽는 한국철학사』, 새문사, 2009.

| 한국사상사연구회, 『조선유학의 개념들』, 예문서원, 2003.

| 한국철학사상연구회, 『논쟁으로 보는 한국철학』, 예문서원, 1996.

| 황준연 외 역주, 『역주 사단칠정 논쟁』 1·2, 학고방, 2009.

사단칠정 자세히 읽기

ⓒ 한국국학진흥원 2011

1판 1쇄 2011년 12월 22일
1판 3쇄 2023년 3월 24일

지은이 이상호
기획 한국국학진흥원
펴낸이 강성민
편집장 이은혜
마케팅 정민호 이숙재 박치우 한민아 이민경 박진희 정경주 정유선 김수인
브랜딩 함유지 함근아 박민재 김희숙 고보미 정승민
제작 강신은 김동욱 임현식

펴낸곳 (주)글항아리 | 출판등록 2009년 1월 19일 제406-2009-000002호

주소 10881 경기도 파주시 심학산로 10 3층
전자우편 bookpot@hanmail.net
전화번호 031-941-5159(편집부) 031-955-8869(마케팅)
팩스 031-955-2557

ISBN 978-89-93905-82-3 93100

www.geulhangari.com